JN327487

いらっしゃいませ

上野やぶそば 店主敬白

上野やぶそば三代目

そば屋のおやじのひとりごと

鵜飼良平

取材・構成　大槻　茂

三一書房

まえがき

鵜飼　良平

二〇一三年十二月、和食がユネスコの世界文化遺産に登録されました。そのなかにはもちろん、そば、うどんが入っております。東京都麺類協同組合（東京都千代田区神田神保町）に加入している一人として、こんなにうれしいことはありません。次代を担う若い組合員の方々には一層の奮起・努力をしていただき、技術を磨き、さらにおいしいそば、うどんづくりを目指してほしいと思っております。

麺類組合は神保町にあります。周囲には、本屋さんが軒を連ねています。その店頭に置かれている雑誌や古本に目を向けると、和食をはじめ食に関する本が多いのに驚かされます。そして、そば屋を紹介した本も少なくありません。書店に入ると、料理専門の棚には「そば」の教本が

何種類も置かれており、なかには私の本もあります。

そうしたそばに関する書籍の内容には、そばをつくる職人の立場からすると、何か物足りなさを感じております。その一方で、美化され過ぎて、気恥ずかしい気がするのも事実です。

私の友人の一人で、かつて麺類組合の機関誌兼広報誌「酒・麺・肴」の編集をしてもらった大槻茂さんと一杯やっていたときに、そんな話がきっかけで「じゃあ本を出しましょうか」ということになりました。大槻さんは、元読売新聞の記者で、そばの取材を通じて知り合いました。

出版の話が出たのは三年前のことで、ちょうど私が喜寿を迎える（二〇一五年）こともあり、その記念にいいのではということで準備を始めました。ところが、酒のみの悪いところ、取材の打ち合わせが、ついつい一杯優先になってしまい、作業は遅れる一方。そうこうしているうちに私の叙勲（二〇一五年秋）の話が決まり、大槻さんの「叙勲記念として本を出しましょう」の一言で、出版に至りました。

今回は教本ではなく、大槻さんの発案で、「鵜飼良平というそば職人の、そばづくりに関する一家言を中心にまとめましょう」ということで、本のタイトルは『そば屋のおやじのひとりごと』にさせてもらいました。「いろんなことを話していただきたい。良いことも悪いことも含めて、そばづくりの大先輩として、若い職人、そして多くのそば好きのために、思っていることを語ってほしい」という狙いですが、果たして結果は……。

さて、いまさらのことかもしれませんが、「そば屋になって良かったなあ」とつくづく思うこのごろです。そして、好きなことをやって食べさせていただける、と先祖に感謝の日々を送っております。若いころは、仏壇に手を合わせることはほとんどありませんでした。ところが、近ごろでは、炊き立てのごはん、いれたての一番茶、お清めの水、花を整え、お線香をあげ、鈴を鳴らして合掌です。「ああ、俺も年をとったなあ」と最近とみに思うのです。

昨年は戦後七〇年。本文の中でもふれておりますが、思い出すのは太平洋戦争前後のことです。戦時中は祖母の郷里・石川県七尾市に祖母、母、兄弟姉妹四人の家族六人で疎開しました。父を徴兵に取られ、大変心細い疎開先での生活でした。

東京に戻ったのは、父の復員後、昭和二十一年のことです。上野の元の場所に掘立小屋を建て、商売を始めましたが主食物統制の時代、商売は思うようにできませんでした。そんなとき、上野駅へ降り立つ「担ぎ屋」のおばさんたちに助けてもらったことを覚えています。闇の品々を分けてもらい、何とか商売を続けることができたのです。そうこうしているうちに、東京の麺類組合が動き出しました。ソバ粉、コムギ粉（ウドン粉）を主体に、そば屋が必要とする食材を使った食べ物の販売をしました。多くの店が、これで儲かったようです。

ところが、これがいけませんでした。そば屋の本来の仕事を忘れ、江戸そばの味、麺の製法を変えてしまいました。ソバ粉よりもコムギ粉の割合を多くしたのです。しかし、それが売れました。残念なのは、今でも、そんな時代と同じような商売をしているそば屋があることです。良かった時代の後遺症かもしれませんが、それが、他の外食産業に負けてしまう結果を生み出してしまいました。

もう少し、愚痴《ぐち》と苦言を言わせてください。そば屋の暖簾《のれん》を出している店は、もっと自覚を持ってほしい。「単なる食堂じゃあない。俺はそば屋なんだ」という。昼どきちょっと商売、二時、三時ごろから昼寝、八時ごろに閉店。それで、客が来ない、ひまだはないでしょう。仮にひまがあるならば、そばの勉強、努力をもっとすべきです。お客様は、おいしいそばを待っています。

二〇二〇年には、日本にオリンピックがやってきます。大挙して外国人が、和食であるそば、うどんを食べに来日します。今こそ本物のそば屋が求められているのです。出番です。そして、江戸時代のような「本当のそば屋のブーム」をみんなで起こしましょう。

目　次

（文中敬称略）

第一章
鵜飼良平の素顔

北海道のソバ畑を視察する。（昭和四十年代）

江戸時代、江戸には、気の短い働き者の職人が大勢いたそうです。
彼らは、昼飯などに時間をかけていられない。ぱっと食べて、さっと切り上げる。

鵜飼良平

昭和十二年（一九三七）、東京生まれ。江戸そばの伝統を継承する「上野やぶそば」の三代目主人。昭和四十八年、藪系列の店で初めて完全手打ちに切りかえて以来、業界の技術指導者として活躍中。

平成十二年「東京都麺類協同組合」の理事長に就任、十四年一般社団法人「日本麺類業団体連合会」の会長に就任、十七年一般社団法人東京都食品衛生協会の会長に就任、二十二年公益社団法人「日本食品衛生協会」の理事長、一般社団法人「日本蕎麦協会」の会長に就任、現在に至る。

平成十五年秋藍綬褒章、二十七年秋旭日中綬章を受章した。

◈　◈　◈

江戸そば

《江戸っ子気質》

「江戸そば」という言葉をよく耳にする。「定義」があるわけではないが、江戸時代の「そばの食べ方」と「そばのつくり方」に由来するらしい。「江戸そば」づくりの第一人者と言われる鵜飼良平は、こんなことを話す。良平は、江戸そばの名店として名高い「上野やぶそば」(東京都台東区上野)の三代目である。

「江戸時代、江戸には、気の短い働き者の職人が大勢いたそうです。彼らは、昼飯などに時間をかけていられない。ぱっと食べて、さっと切り上げる。だから、量が少ない。でき上がるまで待っていられない。ゆで上がりが早くて、かまなくてもいいように、そばは細い。労働者の舌が満足できるようにと、つけ汁も濃い。とはいっても、量が少ないから、腹が減る。で、またおやつみたいに食べる。江戸そばというか、江戸風と呼ばれるそばには、そういう背景があるんですよ」

江戸でそばが一般的に食べられるようになったのは、江戸時代中期からとされる。そば職人の技術向上とあいまって、「江戸っ子といえばそば」と好まれたのは、十九世紀初頭と言われている。江戸流の打ち方も、そのころから磨かれていった。

良平の言う「江戸そば」も、そんな風潮が台頭しつつあった時代の話である。江戸学の泰斗・三田村鳶魚(*)は、当時の江戸っ子の食べ物についてこう話している。

〈今日では（昭和以前のこと）、江戸っ子なるものを、余程いいもののように思っている人があるが、あの三尺帯(*)の姿、やぞう（蓮

＊三田村鳶魚
明治三年（一八七〇）〜昭和二十七年（一九五二）。本名・万次郎（後に玄龍と改名）。江戸時代の歴史と生活を多方面にわたって総合的に研究し、その業績は「江戸学」とも呼ばれた。二十八巻にのぼる全集がある。

＊三尺帯
三尺の手拭いを帯がわりにしたもの。職人がよく巻いていたことから、職人の別称。

っ葉な女の意）を拵《こしら》えている様子などはあまりいいものではない。彼らはいずれも労働をする身体であり、殊に（ママ）鳶《とび》の者などになると、小屋が軽くないといけないといって、うんと物を食うことはない。大工にしろ、左官にしろ、棒手振《ぼてふ》り（＊）にしても、駕籠《かご》舁《か》きにしてみても不相当に身体を烈しく使うものだから、うんと食っては仕事ができない。明治になっても、車夫は度々に食う、一度に食ってはいけないと言って、銭を惜しまずに栄養価の高いものを食う。度々に食うのだから、彼らはいずれも小食であって、一度の飲食の量が極めて少ないから、従って三度の決まった食事だけでは腹が減って耐えられぬ。大食いは田舎者だとして、彼らは軽蔑していた。田舎者の労働とは違った労働をしている彼等は、元来が一人前ほどの食事をしていないので、是非間食しなければならなかった。この間食のために、江戸のある食物類は大変進歩したのである〉（『三田村鳶魚全集　第十巻』、中央公論社）

＊棒手振り
天秤棒で木おけなどを背負って商売をする人。魚屋、豆腐屋など。

「江戸そばの特色は、もう一つあります。三本の麺棒を使って打つことです。長さ、太さの違う麺棒にそば生地を巻き付け、狭い仕事場でも大して場所を取らずに多量のそば切りを一度につくることができる。いわば、住宅事情が良くなかった江戸という大都会ならではのそば屋の工夫なんですね」

良平が会長を務める「日本麺類業団体連合会」（東京都千代田区神田神保町）がまとめた『そば・うどん　百味百題』（柴田書店）は、江戸流のソバ打ちに麺棒を三本使う理由をこう説明している。

〈簡単にいえば、麺帯《めんおび》をできるだけ長く大きく、かつ均等な幅、均一な厚さに平らに延すためである。三本の麺棒は、巻き棒（長さ一二〇cm）が二本と打ち棒（長さ九〇cm）が一本で、太さはそれぞれ、直径三cm止まりがふつう。材質はヒノキが最も適しているとされる

三本の麺棒を使ってそばをのばす。

が、その他樫《かし》や朴《ほお》の木も用いられている〉

つまり、そばを大きく打って広げても、巻き棒に巻き付けることで打ち台のスペースを取らないで済むということなのである。延《の》すときも、円形ではなく長方形にまとめて巻き付ける。そうすると、生地を切ったときに不ぞろいにならない。不ぞろいのそばは、水で溶かして次の水回しのときに使った。商品にならない短いそばを、無駄なく利用するための工夫でもある。

「でもねえ、江戸そばと言うか、江戸のそばと言うか、その始まりは、もっと古いんじゃないですか。先輩たちがまとめた文献などをたまに読むと、江戸そばの源流みたいな話が、すごく残っているんです。読むたびに、ああ、ウーンと思い、今も反省させられるし、教えられます」

職人の奥にかけられているのが麺棒。

そば切りと文献

《蕎麦史考》

江戸でそば切りが食べられるようになったのは、文献によると十七世紀初め（慶長年間）だ。自らもそば屋を営み、そばの資料の収集、そばの歴史などに関する研究の第一人者・新島繁が、その労作『蕎麦史考』（昭和五十五年九月刊行、錦正社）の中で紹介している。新島は平成十三年一月、八十歳で死去した。

この文献は、近江・多賀神社（＊）の社僧が書いた『慈性日記』である。慶長十九年（一六一四）二月三日の項に、江戸の常明寺という寺でそば切りがふるまわれた、と書かれている。当時は、寺社の茶会などでそば切りがふるまわれることが多かったようだが、ときがたつにつれ、江戸市中でも一般的に食べられるようになっていった。

＊多賀神社
近江国（滋賀県）犬上郡多賀町に鎮座し、伊弉諾尊と伊弉冉尊を祀る神社。全国に二百以上の分社がある。

元禄五年（一六九二）に江戸前期の医師・人見《ひとみ》必大《ひつだい》(＊)が書いた日本最古の科学的食品学の文献『本朝食鑑』には、そばのつくり方から食べ方まで一通りのことが書かれている。この時代の食べ方は、もっぱらつけ汁を使っていた。今のもりそばのように食べたが、薬味について詳述するなど、その凝りようは現代に通じるものがある。引用は、『東洋文庫』（平凡社）の書下ろし版である。

〈蕎《ソバ》の実を杵でついて殻を取り去り、磨いて粉にする。さらに篩《ふるい》にかけて極めて細かい粉末にし、熱湯あるいは水で練り合わせ、平たい丸い餅の形にまとめてから、麺棒で頻《しき》りにこねる。

麺棒で押し固めながら極く薄く押し伸ばしたら、パッとひろげ、これを三・四重に畳んで、端より細く切って細筋条にして、沸湯に投じて煮る。随意に見計らって取り出し、冷水か温水で洗う。これを蕎麦切という。

そば切り包丁でそばを切る。

＊人見必大
寛永十九年（一六四二?）～元禄十四年（一七〇一）。本草学者としても有名。

食べる時は、すすぎ洗い、水を切ってから、つけ汁を用いる。汁は垂れ味噌汁一升と好い酒五合をかき混ぜ、鰹節のかけら四・五十銭（重さの単位）を加え、半時あまり煮る。よく煮たら塩・溜醤油《たまり》で調和し、それから再温める必要がある。
別に、大根汁・花鰹・山葵《ワサビ》・みかんの皮・唐辛子・海苔・焼き味噌・梅干しなどを用意して、蕎麦切および汁に和して食べる。大根汁は辛いのが一番よい〉（要旨）

この書き下ろし版の解説によると、編集意図を〈本書の本来の編集意図は、食医という観点から庶民の日常食について検討を加える、ということにある〉としている。

『料理物語』

昨今の料理本のように詳しい内容だが、実は『本朝食鑑』に先んじる

そば切り包丁

こと約五十年、寛永二十年（一六四三）に刊行された『料理物語』（著者不明）には、すでにそばのつくり方が紹介されている。日本最古のレシピ本である。

〈蕎麦きり　めしのとりゆ(*)にてこねて候て吉。又はぬる湯にても、またとうふを刷り、水にてこね申事もあり。玉をちいさうしてよし、ゆで湯すくなきはあしく候。にへ候てから、いかき（笊）にてすくひ、ぬるゆの中へいれ、さらりとあらひ、さていかきにに入、にへゆをかけ、ふたをしてさめぬやうに、また水けのなきやうにして出してよし。汁はうどん同前〉

うどんの項には〈にぬき又たれみそよし〉とだけしかないが、「第八なまだれ・だしの部」に汁のつくり方が詳しく書かれている。

＊めしのとりゆ
重湯のこと。水の量を多くしてご飯を炊くと、のり状の上澄みがとれる。

〈生垂は　味噌一升に水三升入もみたて。ふくろにてたれ申候也
垂味噌　みそ一升に水三升五合入せんじ。三升ほどになりたるとき。
ふくろに入たれ申候也
煮貫《にぬき》　なまだれにかつほを入。せんじこしたるものなり〉

ちなみに、うどんのつくり方、食べ方にはこんなことも書かれている。「第一七後段之部」で、〈ゆでかげんはくひ候て見申候。汁はにぬきまたたれみそよし。胡椒。梅〉。胡椒、梅は薬味である。食べてみなければわからないというのも、ずいぶんな話である。

『慈性日記』には、そばきりの食べ方は書かれていないが、二月にふるまわれたことを考えると、『料理物語』にある「あつもり(*)」のような食べ方をしていたのではないか。

新島繁は、「現在の冷水で洗いつめたくして食べるのとはちがってい

＊あつもり
もりそばの麺と汁を熱くして、もりそばと同じように食べる。麺を熱く、汁を冷たくという店もある。

た」と指摘しているが、大阪には、今もこのようなそばの出し方をするそば屋がある。地方にも、そういう出し方が残っている店がある。

保存、流通の悪い江戸時代、真夏にそばを食べることはほとんどなかった。ソバの旬ではないからである。だから、秋の新ソバが喜ばれた。寒い季節に食べるので、温めなおすのは、至極当然の食べ方だったのではないか。だが、料理物語からわずか五十年、江戸人は温めなおさずにそばを食べるようになったのである。

鵜飼良平は、この料理物語を読むたびに先人の食べることへの努力と工夫に頭の下がる思いがするという。

「昔からソバ打ちには苦労していたんだなあ、ということがよくわかります。要するに、なかなかつながらないんですね。ぼつぼつと切れるそばは、昔から嫌われたんです。今のように、粉の品質が良くありません。製粉技術も優れていない、保存状態も悪いじゃね。湯でこねるのは、今で言う湯ごねです。粉がのり状になるんで、単なる水よりつながりやすいんです。へえと思ったのは、当時はまだ、コムギ粉をつなぎに使っていなかったことです。ソバ粉より値が高かったのかな」

『料理物語』、『本朝食鑑』のいずれも、「江戸流」あるいは「江戸風」のつくり方が確立していないころの記述だが、その時代に「江戸そば」への進化を予兆させる言葉があったことを三田村鳶魚は指摘している。

〈『好色三代男（＊）』の中に「江戸汁」と言う言葉があります。京町の三浦屋のきちょうは蕎麦が好きでしたが、甘汁は愚痴だ、蕎麦を食うのは江戸汁に限る、といった話が伝わっている

……江戸汁というのは、醤油一合味醂一合を一合に煎じ詰めてそれで食うのですから、ひどく辛いものです。ちょっと蕎麦の先をつけ

＊『好色三代男』　井原西鶴作で、貞享三年（一六八六）に刊行された。

ただけで食うのがよろしい。……あんまりつゆが多くっては、蕎麦の匂いというものがない。蕎麦の匂いを賞玩《しょうがん》するには、どうしたってもりでなければならない〉(『三田村鳶魚全集　第七巻』)とも書いているが、後段は、鳶魚の好みを強調したものであろう。

江戸そばの修業

《手打ち》

鵜飼良平が手打ちそばの修業をしたのは、戦後、かんだやぶで開かれた「薮睦会」(*)の研修会でだった。昭和三十年ごろで、良平は高校生だった。良平の手打ちの師匠は、「蓮玉庵」(東京都台東区上野)の先代・沢島健太郎である。いろいろな打ち方があったというが、良平は「江戸そば」の打ち方を学んだ。

良平の祖父・安吉も、父・禎次郎も機械製麺が全盛のころのそば職人

＊薮睦会
初代・堀田七兵衛の時代にできた。暖簾分けした主人たちの集まりで、会員の第一号が、鵜飼安吉。二番目が浜町薮、三番目が並木薮。池の端薮は、戦後に暖簾分けされた。平成二十七年現在の「睦会員」は、四十五店。毎月一回、かんだやぶに集まる。

だった。機械を導入すると量産できるという利点があるが、良平の口には機械で打ったそばが今一つしっくりこなかった。

「ローラーで生地を締めすぎるからじゃないかと思ったんです。せっかくいい粉を使っても、製麺機で打ったんでは硬くなりすぎて、うまみが十分に出てこない。で、手打ちを勉強してみようと。

沢島さんには、いろんなことを教えてもらいました。そばは二・八（ソバ粉八、コムギ粉二の割合）が一番うまいと言われ、実際に食べてみると、のど越しが良くて、そばの香りもするんです。つなぎは、卵、フノリ、ヤマゴボウ、山芋いろいろあるけど、卵水がいい、とかね。私は、自分の代になってからは卵水でそばを打っています。香り、甘みが全然違います」

そば史研究家でもある新島繁は、蓮玉庵の沢島をこう評している。

〈蓮玉庵は茶人だった初代久保田八十八によって文久元年（一八六一）に創業、当主沢島孝夫氏は六代目。先代健太郎（昭和四十一年十月二十六日没、享年五十八歳）は手打ちの名手で、浮世絵と蕎麦資料の収集家だけでなく、趣味の広いチャキチャキの東京っ子だった。在世の昭和三十六年十一月に、創業百年記念が行われた老舗である〉（『蕎麦史考』）

江戸末期から明治にかけてのそばの食べ歩きで知られる斎藤月岑《げっしん》（＊）は、日記の安政六年（一八五九）十一月二十八日の項に〈池のはた蓮玉庵そばたべる〉と書いた。新島は、〈月岑が安政六年蓮玉庵に歩を運んだ記録からすると、文久元年より二年前にすでに開店していたことになる。沢島家の場合はまことに奥ゆかしく、さわやかである〉と激賞している。

＊斎藤月岑
文化一年（一八〇四）～明治十一年（一八七八）。幕末～明治前期の文人。『武江年表』などの著作がある。

《つなぎ》

ソバ粉は、コムギ粉に比べて麺状につながりにくい。だから、そばを食べる人や、そば屋の職人は様々な工夫を凝らした。その一つがつなぎである。

『蕎麦辞典』（植原路郎著、東京堂出版）は、つなぎをこう説明している。

〈そばののびをよくし、混合味のよさを出す働きをする。寛永（一六二四〜一六四三）以後の発案という〉

そして、一般に知られているつなぎとして、コムギ粉、山芋、卵なども応用されるとしている。コムギ粉に関しては、朝鮮から来た元珍という僧が教えたという説を紹介しているが、「いかがなものか」と否定的である。また、ソバ粉を溶いてドロドロにしたものを「ともつなぎ」と呼んでいる。

一六四三年は寛永二十年で、日本最古のレシピ本『料理物語』が刊行された年である。そばのつなぎについてもふれており、良平が「頭が下がる」とした「先人の工夫」の「めしのとりゆ」「水ですった豆腐」を使ってこねるといい、としている。だが、コムギ粉については書かれていない。

ぼそぼそしたそばは嫌われ、長くつながったそばを出す店が人気を集めた。そのつなぎがコムギ粉で、おそらく、十七世紀半ば過ぎには、使われるようになった。そして、その簡便さから、コムギ粉をつなぎにする打ち方はまたたく間に広まっていった。麺をつないで打つ技術のないそば屋は、このコムギ粉の量を増やしていった。なかには、うどん同然の物もあり、「これはそばではない」とひんしゅくを買った。

江戸のそば好きである日新舎友蕎子が寛延四年（一七五一）に書いた『蕎麦全書』は、コムギ粉のつなぎについてこう書いている。『蕎麦全書』

は、そばの評判記である。

〈昔よりつなぎと称して、そばばかりは制しがたしとして、小麦粉を入るることになりぬ。わけて麺店家にてはそばに小麦の粉を入るるにあらず、小麦粉にそば粉を加へ入るるようになりたり。これを常とす〉

こうした江戸のそば屋のありさまを、新島は、〈変わりそばを除き、蕎麦切りは蕎麦粉一本で作るのが正当だった。なればこそ、後に蕎麦屋は競って「生蕎麦」の看板を掲げたわけだ〉と皮肉っている。

「生蕎麦」のそば屋は、後に「正直蕎麦」と呼ばれるようになった。同じく『蕎麦全書』には、〈浅草馬道伊勢や正直そば、多くは小麦の粉を入る。正直にして小麦をまじへざるとの意也。其本は芝宇田川町正直屋より出たり。此正直そばも通例は正直蕎麦とてあまりよろしからず。

真正直と念を入れたるは至極よろし〉とある。

生い立ち

《そば湯で産湯》

鵜飼良平は、昭和十二年（一九三七）九月二十三日、東京・東大病院で生まれた。父は、二代目主人の禎次郎、母は春枝。春枝は初代安吉となおの一人娘で、昭和九年七月、旧日本電電公社の職員だった禎次郎と恋愛結婚した。その後、禎次郎が婿養子に入ってそば屋の跡を継いだのである。

良平は四人兄弟姉妹の二男で、姉・靖子、兄・輝夫、弟・建三がいる。長男の兄は三代目を継がず、二男の良平が暖簾を引き継いだ。

「私が生まれた時、上野の自宅では、祖母のなおがそば湯で産湯を沸

祖父・安吉と春枝

かして待っていたらしい。そんな影響ですかね。私も小さいときからそばが好きでした。

このなおさんにかわいがられましてね、おばあさん子だったんです。月に一度は巣鴨のお地蔵さんに連れてってもらいましたが、そこでも三代目と紹介されました。八百屋、魚屋、どこへ行くときも荷物持ちの私が一緒で、私のことを三代目、三代目と言うものだから、子供のころから、後を継ぐのは自分だと思っていました。だから、いつの間にか、周りも後を継ぐのは良平と思うようになったんですね。

洗脳されたようなものです。もっとも、私自身、子供のころから、勉強よりもそば屋のほうが好きだった。店の手伝いも面白かったし、初代の安吉が生きていたころは、祖父と一緒に木鉢に手を入れて遊んだのを覚えています。中学、高校、大学時代は出前にもよく行きました。ばか台（ばかでかい台の意）と呼ぶ出前の台にそばを載せて配達するんですが、一台にかけは八はい、もりは三十枚くらいです。それを、三段から

祖母・なお

四段重ねて肩に乗せる。十五キロはあったでしょう。バランスを取るのが難しくて、ひっくり返したこともありました。大みそかに上野の交番の前でね、お巡りさんが親切に片付けを手伝ってくれたのを覚えています」

良平の本音❶

鵜飼良平が父・禎次郎から店を任されたのは、昭和四十年からである。良平は三十九年十一月に妻の百合子と結婚、実質的に二人で店を切り盛りしていた。禎次郎は健康に不安があり、早い時期から暖簾を良平に委ねようと考えていたという。

《老舗と修業》

鵜飼　自分はそば屋をやるんだと思い込んでいたせいか、修業時代も含

そばの出前風景（昭和三十年代）

戦後から昭和三十年代なかばごろまで、このような出前の風景はごく普通に見られた。後になると岡持ちを備えたバイクの登場がこれにかわった。（写真提供／日麺連）

そばの出前の準備

出前の数が多いと、このようにして注文品を積んだ。昭和三十年代前半。（写真提供／日麺連）

めて、そば屋になるのが嫌だと思ったことはありません。むしろ、やるからにはいろんなことを覚えて、技術を磨きたいと思い、積極的に修業にも出ましたよ。

大槻　修業って、どういうことですか。

鵜飼　修業とはですか。そうですね、厳しいことを続けることで何かを身につける、ってことですかね。

大槻　どのくらいやればいいんでしょう。

鵜飼　五年は我慢しなければね。修業の基本は、江戸時代に、江戸のそば職人がつくり上げ、代々伝わってきた技法を頑固に守ることです。ただ、それを、もっと合理的にできないかということが、今のやり方になっています。

たとえば、計量カップ。難しいと言われている水回しの水の量がわかりやすい。昔は、温度、湿度を手や肌で感じながら水加減を調節していました。いろんな調合比率も目分量だった。たとえば、そばをゆでるときの火加減。やたらとたぎらせてはいけないんで、そばが適度の滞留を保つように火の強さを加減するんです。今はガスで、強・中・弱の目盛りを合わせるだけ。
　器用な人はすぐ覚えちゃうんで、ちょっと修業しただけで、店を出してしまう。でも、老舗とは決して言われません。老舗って、店が古くから続いてるだけじゃあないんです。

大槻　何をもって老舗と言うんでしょう。老舗の味というものがあるからですか。

鵜飼　老舗なんて、自分から言うもんじゃない。世間が、あそこは老舗だねと敬意を表してくれるんです。それは、職人の努力のたまものですよ。味が変わらないね、ってよく言うでしょう。
　おいしいものは、老舗と言われている店で食べるのが一番安心で確実です。店の評判が立つのには、それだけの要素、理由があるからなんです。でも、その味の素の素材が、昔とどんどん違ってきている。それでも、昔と変わらない味とお客さんが言ってくれて、私たちもそうかなと思っている。そば屋のベースである醤油だって、ものすごく変わってるんですよ。

大槻　そういえば、昔、昭和四十年代の初めごろまでですかね、そば屋の前を通ると、だしのきいた醤油とねぎのにおいがプーンときて、大して腹が減っていないのに、つい暖簾をくぐってしまうなんてことが随分ありました。今は、あまりにおいませんね。

鵜飼　そういう中で、変わらないのが昔からの技術なんです。同じ手法、つくり方でやっている、そしてなおかつ味を守っている。私は、この技術の継承があるのが老舗だと思います。技術は、過去の人たちが苦労してつくり上げた貴重なもので、伝統をきちんと守っていかなければならない。これが、老舗としてのプライドにもなっています。

今は、科学的に無駄を省いてつくるのがはやっていますが、私なんかには、なんとなく薄っぺらな感じがしてなりません。古くから続く店だ

＊息子
良平の長男・泰（やす）。昭和四十九年（一九七四）生まれ。左は小学校入学式のときの写真（昭和五十六年）

という自己満足があるのかな。息子(*)も、四代目になるんだという自覚と、そのことを誇りに思っているようです。

《こんくらい(昔からの技術)》

大槻　昔からの技術と一言で言っても、たくさんあると思うんですが。
鵜飼　そうですね。でもね、何にでも共通するものがあったんですよ。
　こんくらいって言うんです。
大槻　そういえば、鵜飼さんよく言ってますね、こんくらい。
鵜飼　昔はね、昔と言っても、そうか、もう五十年もたつんだね。昔は、素材は何でも目分量やかんで味を調えたんですよ。ソバ粉、つなぎ(コムギ粉)、水、醤油、砂糖、味醂、何でもこんくらい。だけど、こんくらいでは、弟子たちにその量を伝えにくい。計りでやれば教えやすいし、味のばらつきもなくなる。教えにくい、覚えにくいを何とか解消したいというのが当主の悩みでね。それで、わかりやすい計量化が進むようになったんです。店によって違いますが、昭和以降でしょうね。

大槻　技術が老舗のシンボルみたいな気がしますが、具体的に鵜飼さんは、何をイメージしますか。

鵜飼　さっきも言いましたけど、老舗っていうのは、人様が、長い間同じ商売を、手抜きなしで一生懸命やっていると評価した結果だと思います。真面目に一生懸命やってるよってなことで、人々が老舗とも呼ぶようになったのではないかな。味を守っていくっていうのは一番大切なことだけど、難しいことなんです。

たとえば時代は、明治、大正、昭和と変わってきた。それで、今は平成の時代に入ってきてるわけです。食材そのものが、今と昔では基本的に違うんです。鰹節をつくるにしても、今では機械化されてる部分もあるだろう。魚も、時代の流れで地球上、まあ海で泳いでいるんだけどいつも同じじゃないわけですよ。たとえばサバだってカツオだって、同じところにいるものではないわけですからね。海水の温度も変わってきている。魚がそれを避けていろんな暮らしやすい方向に移動している、そういうこともよく聞いています。

大槻　素材が変われば、そのままにしていると味も変わる。それを技術でどうカバーするかですね。

鵜飼　そういうことかな。今の時代と、明治時代のそれは製法も違ってくるだろうし、自然環境の中で、動物たちも随分変わってくるわけですから。なかなか難しいけど、そうは言ってられない。やっぱり、職業ですから。何とか昔のいい味に近いものにつくっていかなきゃいけない。そういう使命があるわけですからね。その意味で、日々努力をしているんですよ。

大槻　だけど、何でも昔の味を守るというか、つくればいいというものではないでしょう。

鵜飼　そうです。そこが当代のセンスです。老舗の味って言ったって、昔とそっくり同じじゃあない。当代の工夫があるんです。

大槻　醤油はどうしているんですか。

鵜飼　これも昔の製法とかなり違ってきてる。何回も言っているように、においが昔ともう全く違うんですよね。昔は国内産の大豆を主に、当時は輸入品なんかないわけです。今はほとんど輸入に頼っている。私たちは、見て現物を買ってくるわけじゃない。業者に任せて大豆を手に入れて、醤油屋さんが加工する。それに流通過程も変わってきているんですよ。しかしながら、なるべく昔の味に近いようにしようと、醤油屋さんも努力していると思うんです。今の醤油はかなり加工されていますから、昔のあの醤油臭さってのはかなり抜けています。まあそんな意味でね、ちょっと話は飛躍するけど、藪はやっぱり下町系統のそば屋。いわゆる職人を相手にする、江戸気質っていうのかな、だから、汁が濃い。

大槻　下町の庶民みたいなね。

鵜飼　関西のほうへ行きますとね、醤油も薄い。濃い口もありますけど、たまり醤油を使ってそれを薄めて使う。ちょっと甘ったるい感じがするんです。味だけじゃなく、見た目が薄いんですよ、汁の。

昔は、関東と関西で、味と見た目の違いをはっきりとさせていた。ところがだんだん現代になってくると、関東も関西もないんですね。どこへ行っても、味を料理によって使い分けている。料理もどんどん進化してるわけです。従って味が、かなり拮抗し始めた。関西の味、関東の味ってのは、料理の世界ではなくなってきていると私は思うんです。

でも、それでいいんですよ。日本の食っていうのは確かに、場所によってはいろんな食材の違いで、味のつけ方が違っている。しかしながら、それればっかりではない。この変化のなかでですね、昔ながらの独特のものが残ってる地域もあるんだろうと思います。

◆◆◆

この良平の指摘は、示唆に富んでいる。『江戸料理史・考』(河出書房新社)の中で、著者の江原恵は『料理物語』の作者(不祥)を〈(江戸、**大阪、京都の)三大都市の飲食物に通じていた**〉と推定、〈この料理本が、基本的には関西の食風俗を語っている事実には、注目しておく必要がある〉と指摘しているからだ。つまり、江戸初期のそばの汁には、江戸と関西（上方）の区別がなかったと思えるのである。江戸に残ったしょっぱいつけ汁は、いつのまにか関西から姿を消した。

◆　◆　◆

主な修業先と恩人

《藪伊豆》

鵜飼良平がそば屋の経営者として切り盛りするための仕事、心構えなどを教わったのは、京橋にあった「藪伊豆総本店」（平成八年、東京都中央区日本橋に移転）である。

藪伊豆で三年修業し、上野に帰ってきてから、かんだやぶ、並木藪で、通いで半年ぐらいずつ手伝ったという。並木藪ではそば寿司を、かんだやぶでは、芝海老のかき揚げを覚えた。

「薮伊豆を仕切っていたのは野川康昌さん。先代の日麺連の会長です。私は修業に行かなくても、釜前《かままえ》(*)、板場、製麺は、自分の店で一通りのことはできていたんです。しかも、自分の店の味を変えることはできません。他人の飯を食ってこい、という意味で修業に出されたんですね。自分にも、三代目を継ぐんだという自覚はありましたから。

味を変えることはできないから、追い回し、人を使うことを学びましたよ。いわゆる、目線です。従業員はどんな気持ちで働いているのか、先輩を立てないとどうなるか、忙しいときはどう動くかなど。仕事の段取り、暖簾の重みを教わりました。

忙しい店で、昼どきには五十メートルぐらいの行列ができたもんです。だけど、酒を飲みながらそばを、というお客さんはほとんどいなかった。そば屋で一杯というのは、戦前は結構ありましたが、戦後の食糧難で消

＊釜前
そば屋の釜の前で作業をする職人または作業のこと。

えてしまったんです。昭和二十年代、三十年代には、そばを食べることが中心で、そば屋で一杯が復活してきたのは最近のことです」

《コークス》（＊）

良平は、「変な話だけど」と言って、薮伊豆で覚えていることのイの一番に、コークスの火付けを挙げた。

朝は五時に起き、店の三つの釜に火を入れる。これが、一日の始まりだった。三つと言うのは、汁、そば、うどん用の釜である。燃料はコークスで、コークスに火を付けるのは新入りの役。煤《すす》がよく出るので、月に二度ぐらい煙突掃除の人が来たという。

火付けの手順が難しかった。まず、薪か石炭で火種をつくる。新聞紙をねじってその上にのせる。またその上に割り箸（前の日に客が使ったもの）を三段重ねでのせる。その上に、適当な太さに切った薪をのせる。それで、火を付ける。火が付いたら、そこにコークスを入れる。

＊コークス
石炭を高温で蒸し焼きしてつくる。燃焼時の発熱量が石炭よりも高く、燃料として重宝された。火持ちもいいので、小中学校のストーブの燃料としても使われた。横浜・中華街の「海員閣」、すっぽんの京都「大市」では、今でもコークスで調理しているという。

「火付けに失敗すると、大変だったんですよ。使われた割り箸がそんなにあるわけではないですからね。今は、ガスだから簡単ですよ。強、中、弱の目盛りで調節できてしまう。コークスは火がいつまでも残っているからいいんですね。石炭はすぐ燃えカスになってしまいます」

結婚

《店の顔》

良平が妻の百合子と知り合ったのは、「薮伊豆」でそばの勉強をしていた百合子の姉の紹介でだった。

百合子は、昭和十七年一月一日、造船会社に勤めていた眞継豊一、わか夫婦の二女として東京に生まれた。

修業を終えた良平が百合子と結婚したのは、三十九年十一月二十六日である。翌四十年、長女の扶己子、四十二年に二女のてい子が生まれた。四代目となる長男の泰《やす》が生まれたのは、四十九年五月三十一日である。

良平の口説き文句は、「座布団に座っているだけでいい」だった。だが、百合子は、店にあまり出なかった春枝を反面教師に、店に出て働くことを心がけた。店の朝は早い。午前七時には、仕込みが始まる。開店前に朝飯を済ませ、昼は午後三時ごろ。八時ごろに夜飯を済ませ、帰途に就くのは午後十一時ごろになる。店での食事はまかない担当がつくるが、かつてはおかみさんの仕事だったという。

「かみさんは、お客さんに、旦那は見かけないけど、旦那はいないんですか、って言われたことがあるそうです。私が、麺類組合の青年会や組合の仕事で外に出てばかりで、店にいることが少なかったですからね。かみさんが店にいるのは、私の考えでもあるんです。店の顔であってほしいからです。でも、調理場には入れない主義です。調理場に口出しするのはよくありません。だから、かみさんは一度も調理場に入ったことはありません。しかし見よう見まねで何でもこなし、天ぷらあげなど上手なもんです」

良平の本音❷

《そば好き》

大槻　そば屋の主人は、そば好きが多いんすか。

鵜飼　嫌いな人もいますよ。私は、大好きですがね。

大槻　どんなそばが好きですか。

鵜飼　腹いっぱい食べたいと思って、何が食べたいのか考えると、そばなんですよ。しみじみと味わって、余裕を持っておいしいものを食べたい。それもやっぱりそばなんです。どんなそばでも、食べたい状況で食べたくなり、食べるということです。出かけた先で、小腹がすいたなと思うと、立ち食いに入ります。だからうまいとかまずいとかでなく、ごく自然と「何を食うか」、「そばがいい」なんだね。

大槻　普通のそば屋には入らないんですか。

鵜飼　組合員の店では顔を知られているんで、入りづらいですよ。その点立ち食いはね、気やすく入れる。それに、最近は質が良くなっていますね。特に自家製麺の店が増えてきた。そうすると、立ち食い店もうまいものをつくりたいから、ソバ粉の量も増えてくる。だから、またうまくなる。ソバ粉が四割、五割の店もあるんじゃないですか。

そば屋は、立ち食いに負けてはだめです。やはり、自家製麺でなければ。製麺屋から仕入れる時代は終わったんです。いい材料を吟味、いい技術でつくらなければ。戦後のどさくさの時代は、何でも売れた。それと同じ感覚でいる人が今でもいます。これは、残念です。ファストフードの競争相手がなかった時代の話で、今では、本物を売らなければ取り残されますよ。

あとは、休みの日には、持って帰った店の汁とそばを家で食べることもありますよ。生のそばがないときは、乾麺を食べます。乾麺をおいしく食べるコツがあるんです。

大槻　それはどういうことですか。

鵜飼　乾麺をゆでる前に五分間ほど水につけておくんです。二、三分でもいいかな。乾麺はゆで時間が長いから、角が取れてしまう。これで食感がずいぶん違ってしまう。角を削らせないために、ゆでる前に水に浸してやるんです。ゆで時間が短くて済むし、口当たりが良く、うまみが逃げません。最近のそばの乾麺は、ソバ粉が三割以上入っているものも増えています。なかには同割りもある。間違いなくおいしくなっていますね。

大槻　スパゲティのロングパスタもそうするとゆで時間が短くなるし、うまいという話を聞いたことがあります。水にコーティングの役割りを持たせるんですね。

鵜飼　そうです。割粉（つなぎ）の役割りも、そばのコーティングなんですよ。コーティングされると、うまみ、香りが閉じ込められる。ゆでるときに、水気を一気に吸い込むこともない。十割そばは、ゆでるとぶよぶよになってしまいますよね。そばは、つなぎのおかげで、食べるまでの間ぐらいは、そばの香りを閉じ込めることができるんです。つなぎの割合がちょうどいいのは、二・八か三・七かな。

《食べたいそば》

大槻　鵜飼さんがおいしいと思うそばとは、どんなそばですか。

鵜飼　全部と言いたいとこだけど、大きく言うと二つあります。一つは、腹が減って無性に食いたいときに食べるそば。ゆっくり味わっていられないんで、汁をつけて一気にかっ込む。関東風のしょっぱい汁にね。これは、たまりません。

もう一つは、じっくりと味わうそば。たとえば、熱燗を飲みながら、一緒にそばも食べる。そばをちょっと乾かしてから食べる。酒の最後を盃に残しておいて、乾いたそばにかけてほぐす。それをつまみに、もう一杯となる。

大槻　熱いそばはどうですか。

鵜飼　これも大好きですね。飲んだあとのかけそばなんか、ぴりっとしていいですね。江戸の昔、元禄年間（十七世紀後半）にはぶっかけというそばが、よく食べられてたみたいです。どんぶりにそばを盛って、熱い汁をかけるだけですから、猪口を使わずに合理的です。これも、職人気質の強い江戸っ子にはぴったりだったんでしょう。冬の寒い時期によく食べられたようです。

そばだけでなく、うどん、ソーメン、スパゲティ、ラーメン。麺類は何でも好きですね。

大槻　鵜飼さん自身は、そば屋で一杯はやりにくいんでしょ。

鵜飼　会合でもあれば別です。普段は、そば屋以外か、家で晩酌。刺身、マグロの赤身で一杯が好きです。肴も、においの強いのはあまり好きではないですね。日本酒が好きですが、飲むのは日本酒ばかりではありません。ワインにステーキもいい。私が飲み始めた時代は、サントリーバーでハイボールでした。晩酌は二合。休肝日はつくっていない。女房は、ビールをコップに一杯ぐらいかな。

第二章 上野やぶそば

いくら技術があっても、技術で素材の悪さをカバーできない。

藪の源流

《蔦屋》

藪蕎麦という呼称の始まりについて、そば史研究家の新島繁は著書『蕎麦史考』（錦正社）のなかで、〈管見では享保十八年（一七三三）板『江戸名物鹿子』上巻に、雑司谷蕎麦切と題したのが古く、……薮の蕎麦は御嶽という字にあり、今の雑司谷一丁目付近と思われ、竹藪が繁茂し俚俗「薮の内」と称した〉と説明している。

新島は昭和二十三年（一九四八）、東京・新宿でそば屋を開業。最初は「素人の店が生き残るため」にとそばつくりの資料や文献を集めたが、生来の凝り性から「日本麺食史研究所」を創設、「そば学」の第一人者と言われるまでになった。

だが、雑司谷《ママ》の「薮」は、蔦屋の系譜とは違う。新島はこう書いてい

る。〈いま一軒の歴史は新しいが高名な藪蕎麦は、駒込団子坂（千駄木坂とも。**千駄木林町**）の蔦屋である〉

蔦屋の創業年月日は不詳だが、江戸後期に、伊勢・藤堂家の家臣だった山口伝次郎が三十歳の時に町人になり、〈さっそく団子坂権現山に蕎麦屋を開業した〉という。

最初は山にあるので「山そば」と呼ばれていたが、竹藪に囲まれた店だったため、藪そばと呼ばれるようになった。大坂の狂言作者西沢一鳳(*)は『綺語文草』のなかで〈**千駄木団子坂より藪そばへ行くとて　藪蕎麦を打つ棒先や時鳥**〉（弘化四年春・一八四七年）と読んでおり、このころから評判が高かったらしい。明治に入ってからも繁盛したが、〈相場に失敗したとかで、三十九年九月以前に三代で消え去ったのである〉。

＊西沢一鳳
　享和二年（一八〇二）～嘉永五年（一八五二）。江戸後期の歌舞伎狂言作者。芸能史研究の貴重な資料をまとめた。

《かんだやぶと藪安》

蔦屋は消え去る前に神田連雀町に支店を出し（年代不詳）、主人の愛人に経営を任せた。明治十五年（一八八二）、浅草にあった「砂場」の当主・堀田七兵衛がこの支店を買い取った。

神田淡路町にある今の「かんだやぶそば」である。団子坂藪の本店が暖簾を下した後も、堀田は「連雀町薮蕎麦」として営業を続け、今日に至っている。

蔦屋が神田で愛人に支店を持たせたときに、職人頭として支店を任されたのが、「上野やぶそば」の創業者である鵜飼安吉だった。支店の経営が、堀田家に移った後も、安吉は働き続けた。

そして、明治二十五年（一八九二）、かんだやぶの暖簾分けで上野に店を構えた。屋号は「薮安」、暖簾分けの第一号だった。安吉二十三歳のことである。つまり、江戸・蔦屋の味は、安吉によって上野やぶに伝えられたのである。

上野やぶの人たち

《鵜飼安吉となお》

鵜飼安吉は、鵜飼良平の祖父である。安吉は明治二年（一八六九）、滋賀県の造り酒屋の六男として生まれた。名古屋の酒蔵に修業に出されたが、酒が一滴も飲めないために飛び出て上京。「団子坂藪蕎麦」と呼ばれた蔦屋に小僧として入った。記録は残っていないが、十代半ば過ぎのことだったのではという。

藪安の開店当時の敷地は今の三倍ほどの広さがあったが、昭和通り、春日通りの拡張に土地を提供、狭くなってしまった。昔は、店の裏に線路があり、踏切もあった。

なおは、明治十二年（一八七九）、石川県七尾市に魚屋の娘として生まれた。団子坂藪で働いていて、安吉と知り合った。働き者で、二人は大正八年（一九一九）六月に結婚した。

安吉は、酒は飲めなかったが遊び好き、湯島や神田の花柳界によく通った。歌舞伎や長唄などにも通じ、一人娘の春枝の稽古事にも理解を示した。なおは、「酒も飲めないのに」と、嫌みをよく言っていたという。

安吉は昭和十六年（一九四一）四月二日に七十二歳で、なおは昭和三十一年四月十二日に七十七歳で死去した。

《禎次郎と春枝》

二代目として後を継いだのは、養子の禎次郎である。禎次郎と春枝は、昭和九年（一九三四）七月二十四日、恋愛結婚した。

禎次郎は山口県岩国出身の河村春生、ひさの二男として、明治四十一年（一九〇八）九月二十五日に生まれた。禎次郎の父は、株の仕事をしていた。禎次郎は電電公社のサラリーマンだったが、鵜飼家に養子に入って跡継ぎになったのである。

父・禎次郎と母・春枝（昭和三十年代）

春枝は安吉、なおの一人娘で、明治四十四年（一九一一）五月五日生まれ。自慢の娘で、安吉と花柳界に一緒に行っては、三味線を弾いたり、長唄を唄っていたという。いわゆるお嬢さん育ちで、稽古ごとが大好き。長じて長唄の師匠になり、弟子が多かった。出稽古も多く、それが気に食わない禎次郎は、いつもイライラしていた。

禎次郎は結婚を機にサラリーマンを辞め、鵜飼家に養子に入ってそば屋の主になった。

だが、春枝は家業のそば屋もそばも嫌いだった。店に出て手伝うことはあまりなく、良平によると、手が足りなくて困ったことも再三あったという。といって、家事が得意ということもなく、家にいるときの晩飯のおかずは「とんかつ」が多かった。そのためか、良平は今でも「とんかつ」が大好きだ。

禎次郎は昔の電話局で働いていたそうで、それからのそば屋修業は、全くの素人だから大変だった。安吉は短気で、頑固爺。禎次郎は相当厳しく教育されたという。良平は、禎次郎がそばを洗っているときに、ゆで箸（竹製）で頭をひっぱたかれたのを何度も見ている。

禎次郎は出前もやったが、年を取ってからだったため、そばを背負い、片手で自転車を運転するのが大変だったという。良平は、学校から帰ると出前下げ、休みの日は昼間から出前を手伝った。

そば屋に限らず、職人の世界は厳しい。今で言う脱サラのような禎次郎は、そば屋の仕事の詳細を身につけることができず、良平にそれを託した。だから、禎次郎の教え方は厳しかった。良平が忘れられないのは、「粉は十二の目で観察しろ」という言葉だ。打つ前に粉に手を突っ込み、温度、湿度の具合を確かめろという意味である。十本の指先、そして両目が、観察の目になる。粉が乾燥していないか、挽き方が粗すぎないか、温度はどのくらいか、それがすべて水回しに関係している。

直接仕事に結びつく教えではないが、もう一つ、父に言われたことで忘れられない言葉がある。

「成人式の日に父に誘われてすし屋に行ったときのことです。今日からお前は大人だ。後ろに手が回るようなことを絶対にするなと言われました。当たり前のことなんですが、若いころは元気で、いろいろありましたからね。なぜか今でも覚えていて、肝に銘じています」

禎次郎は昭和五十五年（一九八〇）三月十五日に七十二歳で、春枝は平成十九年（二〇〇七）九月九日に九十六歳で死去した。

《兄弟》

長男の輝夫は三代目を継がなかった。二男の良平が跡継ぎになったいきさつについて、良平はこう語る。

「兄貴は勉強が好きで、あまり店の手伝いはしなかった。祖母なおの口ぐせや、店を継いでもいいという私の気持ちが影響したのかもしれません。

両親と兄弟姉と。右から二人目が良平。（昭和二十年代後半）

私と年子で、気のやさしい兄貴です。戦後、店が再開すると、週末のたびに二人で、そのころ住んでた吉祥寺の家から両親が働く上野の店に行ったものです。兄は四年生、私は三年生。電車の乗り降りが怖くて、いつも兄貴が頼りでした。

こんなこともありました。母から小遣いをもらったんで、二人で上野の駅前の食堂で一杯のお汁粉を食べた。すごくおいしくて、今でも覚えていますねえ。

中学から帰ってくると、出前下げの手伝いをさせられましたが、兄貴は高校に行くと手伝いをあまりしなくなりました。性格的にも合わなかったのかもしれない。祖母のなおが、私のことを三代目と言うので、そのことも影響したのかな。

今思うと、兄貴は複雑だったんですね。大学を卒業して会社員になり、一部上場企業の役員になりました。弟の建三は、そば職人です。頑張っていますよ」

《戦争》

昭和十九年十二月、鵜飼一家は石川県七尾市に疎開した。祖母なおの実家があり、その縁である。禎次郎は徴兵に取られ、なお、春枝、兄弟姉妹四人が上野から汽車に乗った。一家は、七尾で玉音放送を聞いたという。良平は、こんなことを覚えている。

「戦争中もそばを食べたくて、早く戦争が終わらないかと思ったくらいです。玉音放送をラジオで聞いたんですが、私たち子供は、上野に帰れるってと喜んだんです。親父は徴兵でしたから、母親に怒られましてね。負けたのになぜ喜ぶ、とえらく叱られました」

戦後は、つてがあってまず吉祥寺に移り住んだ。良平が小学校四年生のときに上野に戻り、良平は下谷小学校に入学した。

「戦前からだと、何回目の転校だったのかな。まず上野で小学校に入り、代々木に転校、次に七尾に転校、次に吉祥寺に転校、最後に上野・下谷小学校にまた転校です」

地元の祭礼のとき。
向かって右手前が良平。
（昭和三十年代後半）

疎開先から戻った二十一年に、滋賀県の親類から材木を送ってもらい、上野の店跡に掘立小屋の店をつくった。そばを食べられると喜んでも、戦争直後は物資統制が厳しく、ソバ粉がない。そばのかわりに、あるものでいろいろな飯のおかずをつくって売ったという。イモやカボチャを煮ただけの物、トウモロコシのすいとん、ジャガイモがあればコロッケ、どじょう汁、雷魚のフライなどである。

◆　◆　◆

東京のそば屋は昭和二十二年七月、物資不足に対処するため、「東京都蕎麦商業協同組合」（現・東京都麺類協同組合）を組織した。そして、全国の農家を歩き回って、ソバの調達(*)に取り組んだ。だが、国内のソバ生産農家は少なく、組合は輸入に頼ることにした。その甲斐もあってか、そば屋の物資事情は次第に好転、二十七年六月に麺類の原材料の統制が廃止された。

◆　◆　◆

＊ソバの調達
「日本麺類業団体連合会」（日麺連）の資料によると、玄ソバの輸入が始まったのは昭和二十七年である。最初は南アフリカからで、赤道を通るために実の劣化が激しかった。中国も玄ソバの産地として知られていたが、当時、日本とは国交がなかった。日中友好協会など関係者の努力で、三十七年に「日中総合貿易に関する覚書」（LT貿易）が調印され、日麺連を通してのソバ輸入への道が開けたのである。

中国産玄ソバが日本に初めて着いたのは、三十九年二月、横浜港にだった。四十七年の国交回復後は、「日中総合貿易」の一環として輸入が続けられた。現在では日麺連と輸入商社の取り扱いになっており、輸入玄ソバの約六割を中国産が占めている。

三代目

《上野やぶそば》

鵜飼良平が、名実ともに三代目として暖簾を引き継いだのは、昭和四十六年である。社長交代のときに、父・禎次郎はこう話したという。

「無理はするな。いいそばを出すという自覚をもって、駄そば屋にはなるな。かんだやぶとか池の端藪のまねをするのではなく、藪安の歴史と上野という地域の味を守ってくれ」

禎次郎は、昭和三十年代の半ばごろから体調が思わしくなかった。小説を読んだり、映画、特に時代劇を見ることが好きで、よく、上野の山下の映画館に出かけた。

四十二年のある日、映画館から店に電話があったという。「藪のご主人が倒れている」。良平があわてて駆けつけると、禎次郎は映画館の入口で倒れたままだった。

「半身不随だったんですね。脳梗塞でしたが、発見が早かったのと手当てが良かったんでしょう、間もなく回復し、後遺症も目立ったものはありませんでした。でも、気力が衰えるんですかね、気分のいい日には仕事をすることもありましたが、後は、私と、かみさんと、おふくろの三人で店をやっていったんです」

同じころ、「店を建てなおそう」という話が持ち上がっていた。薮安は戦後、掘立小屋から始まり、それまでに二回建てなおしていた。当時は、木造平屋一部二階建て、店舗兼住宅に家族七人が寝起きしていた。子供たちも大きくなり、どうにも狭かったという。

新店舗兼自宅は、鉄筋コンクリート造四階建てのビルである。四十五年春に着工、四十六年十一月に竣工した。工事中は店を休業、新装開店したのは、四十六年十一月二十六日だった。店の名前は、「上野やぶそば」になった。

新装開店した時の薮安。
（昭和三十年代）

竣工して間もなく、かんだやぶそばの先代・堀田康一が訪ねてきた。そして、「上野やぶそばと名乗ったらどうだ」と持ちかけた。禎次郎の賛成もあって、良平は「上野やぶそば」と改めたのである。新装を機に、そばを機械打ちから手打ちに変えた。藪系のそば屋では、初めてのことだった。メニューを変え、出前を止めたのもこのときからである。

「玉子とじと月見は、玉子を落とすだけの月見をやめてとじそばを残した。あんかけとかき玉は、あんかけはおかめの変形。だから、あんかけをやめた。たぬきは揚げ玉だけだけど、てんぷらを食いそうなのでやめた。ご飯物もやめましたが、天丼だけはなぜか残ったんです。私が好きだからかな。

そば屋のメニューについては、これから変わっていくのか、変わらないのか、いろいろな意見があるようですが、基本は変わらないですよ。そばは和食。和食の味のベースは、醤油と鰹節。それ以外にないと思っ

最初の鉄筋建築に改装したとき。（昭和四十年代後半）

ています。ヨーロッパ、中国、ロシア、韓国、その他それぞれの国のそばの食べ方については、風俗・習慣がありますが、それでいいんです。

出前をやめたのは、お客様に店に来ておいしいそばを食べてもらいたかったからです。出前の売り上げは、最盛期には店の売り上げの六割を占めていましたから、影響は大きかったですね」

新装開店後は、すべてがうまく運んだわけではない。建てなおし中、店を一年半休んだが、再開直後は多くの客が離れていたという。ドル箱の出前を止めたこともあり、借金の返済に四苦八苦した。このピンチを救ったのが、昭和四十七年（一九七二）十月十日の京成百貨店（現・上野マルイ）の開店だった。人の流れが変わり、客が戻ってきたのである。

《跡継ぎ》

平成二十八年現在、従業員の先頭に立って「上野やぶそば」を引っ張っているのは、昭和四十九年に生まれた鵜飼家の一人息子・泰である。

昭和四十年代の調理場。

泰の話によると、泰は子供のころから「お前はそば屋だ」と言われ続けた。だが、学生時代は「人のためになりたくて」、福祉の道に進もうかと考えていたという。そば屋になることを意識したのは、二十歳の時だった。

「成人になったときに、父に改めて、何を職業に選んでもいいぞ、と言われ、今さらと思いながらも、いつの間にかそば屋になる事を意識していたように思います」

泰は、平成九年から四年間、江戸料理の老舗として知られる料亭「濱田家」（東京都中央区）で日本料理の修業を積んだ。和食の職人としての腕も磨きたいという思いからで、魚のさばき方や、野菜の調理方法など、そば屋では触れる機会の少ない食材を使った料理の基本を学ぶことができたと言う。

「よく、老舗を継ぐというのは大変だと言われますが、そうでもありません。なぜならば、先代たちがつくってくれた技術が確かなものだから、それを守っていけばいいところがあるんです。ソバの手打ちやそばゆでの仕事のなかで、自分でも考え、自己流というものに流されがちであっても、壁にぶち当たります。そんなときに、先代たちに教わった事を試してみると、簡単に自分の悩みが解消されることに気付きます。改めて、先代たちの仕事の完成度の高さを思い知らされます。

私は幼いころから父に『本当に美味しい味・良い物を知れ』と育てられ、店に入ってからは、『最高の素材を使い、本当においしいものを出していれば、いずれお客さんがついてくる』と言われ続けました。外食をするということは、特別なときであり、（お店の）料理というのはその楽しい、幸せな時間を演出しなければならないと思っています。

私が今考えていることは、会社を大きくしようとか、何店舗も支店を持とうなどという事ではありません。百二十余年この地で愛されて来た家業を、次の世代につなげていこうと考えています。そのなかで、そば屋としての本質を見失わず、常に安定したおいしさと共に新しい感動を与えられる店になっていければと思っています」

上野やぶの素材

鵜飼良平の口癖は、「いくら技術があっても、技術で素材の悪さをカバーできない」である。だから、原料、特に粉の品質が心配だと言う。農水省と財務省が出している「そばの需給動向」(*)によると、平成二十六年度のソバの消費量は、十三万八千トンである。それに対し、農水省がまとめた平成二十六年度の国内の生産量は三万千二百トンで、消費量の四分の一にも満たない。

ソバの主な輸入先は、中国の三万一千八百九十六トンが特に多く、次いで、アメリカ（九千九百七トン）、カナダ（一七九トン）などである。国産粉の良さは多くのそば職人が認めるところであるが、こうした状況

＊ソバの需給動向
本書138ページ参照。

でそば屋は「国産粉使用」と言い切れるのだろうか。（＊）

《いいソバ粉》

大槻　いい粉とよく言いますが、どういう粉がいい粉なんですか。打ち手と、食べ手によっても違うと思うんですが。

鵜飼　そうね、打ち手の側から言うと、まずは挽《ひ》き立《た》てということ。挽き立てって打ちやすいんです､粉のなかに水分がまだ含まれてますから。挽いてから時間がたった粉は、乾燥してきます。だから、水回しの水の量を変えなくちゃいけない。それを技術によって見極め、適宜な水を加えていくんです。水を加えていくなかで、いわゆる練り込みって言うんですけど、よーくソバ玉を練り込んでいく。そうすると、水分が粉の粒子それぞれにいきわたり、ソバの良さが引き出されます。

大槻　味、香りですね。

鵜飼　そのソバ粉の味､香りは、ソバ（玄《げん》ソバ（＊））によって違ってくる。

＊国内でのソバの生産状況
本書138ページ参照。

＊玄ソバ
殻の付いたままのソバの実のこと。写真は89ページ。

産地、取れた時期などが関係してくるわけです。いいソバ粉だと、打っているときの香りがいいんですよ。それこそ、プーンと広がってね。おいしいそばができるぞと実感する瞬間です。

＊国産粉…産地本書139ページ参照。

大槻　だから、そば屋は、国産粉かどうか、産地はどこか(＊)、新ソバが入ったなんてこだわるんですね。

鵜飼　そば屋の親父は、自分とこのそばが一番うまいと思ってますから、原料にもこだわるわけです。

大槻　確かに、食べる側から言えば、私は産地までわかりませんが、新ソバで打ったそばは弾力があるからわかります。これが食感を良くしているような気がします。あとは、色。ちょっと緑がかって、季節感がありますね。

鵜飼　親父が言ってたことだけど、物の良し悪しにはいろんな側面があるんです。ソバ粉にしても、でき具合がある。製粉で言えば、石臼挽きとロール挽きがある。

石臼挽きは、粉の表面がでこぼこしています。ロール挽きは、粒子が円く、表面積が違う。石臼挽きを顕微鏡で見ると、粒子の表面がギザギザしていて、目が粗い。だから麺になってもゆで時間が短くて済みます。挽くときにも、ロールだと温度が上がって、ソバの風味が逃げてしまうんです。石臼挽きは、でんぷん質が水を吸って、その水の力でうまみを閉じ込める。ゆでたときに、うまみが外に出ていかない。香りもたつ。うちは一〇〇％石臼挽きです。

大槻　だけど、いくら素材が良くても技術がなければだめでしょ。

鵜飼　そうね。せっかくの素材の良さが出てこないんですよ。たとえば、一〇〇％ソバ粉で打つ生粉打ちなんかがいい例です。そばの風味を考えればいいけど、そばとして味わうのが難しい。打ち立て、ゆで立てでないと、ぼそぼそしてそばとして食べられない。生粉打ちは、新ソバの時期に食べるものなんですね。甘み、香り、うまみ、粘りもあるし、食感もあります。年内がぎりぎり賞味期限かな。

かわりそばは人気があるようですが、昔は粉が悪いのを隠すための工夫だったんですよ。生粉打ちとは逆で、夏のそばが一番まずいときに、どうやって食べるかを考えた。それが、始まりです。今は保存がいいのでソバの旬は年中みたいなもの、かわりそばをつくる必要もなくなりました。でも、その技術が「趣味のかわりそば」に活かされています。出す店はあまり多くないようですが、ひな祭りの三色（赤、白、緑）そば、端午の節句の五色（白、黒、黄、赤、緑）そばは出してもいいんじゃないかな。白はさらしな、黒はゴマ切り、黄色は卵切り、赤はエビ切り、緑は茶そばです。

《正しい表示》

大槻　よく、そば屋で「国産粉使用」、「新そば入りました」というポスターを見かけるでしょ。国産粉使用だけでなく、その産地まで麗々しく書いてある。そういう表示は、確かめられるんですか。

鵜飼　いつも同じような状態で、いい粉が提供されてるかどうかを確かめるのは、非常に難しいことです。自家製粉じゃない店は、製粉所で挽いた粉が袋に入ってくるわけですから、産地やブレンドの比率などを一〇〇%確かめることは不可能です。そこは、長年にわたる粉屋さんとの信頼関係です。それが老舗の良さの一つだと思うんです。でもね、産地はともかく、職人には粉の良し悪しがわかります。何十年、毎日のようにソバを打ってるんですから、毎日調べてるようなもんです。

大槻　自家製粉したら、そんな心配はいらないと思うんですが。

鵜飼　自家製粉は、大賛成です。味の面からも、大いにやるべきだと。挽き立てが実現できますからね。だけど、うちの場合、石臼を置き、玄ソバを置くというスペースが店にないんで、やっていません。ただ、今は流通事情がいいんで、前の日に挽いた粉が次の朝には届きますからね。挽き立てに近いものが入ってきます。

江戸の昔は、そば屋が農家から玄ソバを買い、粉屋に持っていって挽いてもらってた。今は、粉屋が玄ソバを仕入れて、挽いているところが多い。その玄ソバは冷蔵して保管されます。管理が良くなっているんですよ。

大槻　どのくらいの量が入っていれば、国産粉使用になるんですかね。

鵜飼　そば屋自身の問題ですね。たとえば、手打ちそばって言っておきながら違う店が随分あったんです。で、組合が中心になりましてね、ちゃんとしようよって。粉も同じです、いい加減なことをしていると、結局自分たちにはね返ってくるんですよ。今は、役所が間に入って、正しい表示(*)って言うんですか、組合でも守るように指導しています

鰹節だってそうです。これも、どんな節にしてくれと鰹節屋さんにいろいろ指示して、削られて袋に入ってくる。自宅では、この節を毎朝味噌汁に使っています。味見してるようなもんです。おかしければ、すぐに言いますよ。

世の中、偽装何とかなどの話が多いようですが、お客さんには「暖簾」

＊正しい表示
　昭和三十七年に制定された「不当景品類及び不当表示防止法」に基づく「公正競争規約表示法」により、正しい表示などの自主規制ルールが業種ごとに細かく定められている。生めんの「そば」については、〈そば粉30％以上、小麦粉70％以下の割合で混合したものを主たる原料とし、これに水を加えて練り合わせた後製めんしたもの又は製めんした後加工したものをいう〉となっている。

を信頼していただきたいですね。

《醤油と砂糖》

鵜飼　昔は、醤油のにおいがきつかったんです。醤油の麹には、独特の臭みがありましてね。私は、このにおいをどうするかで苦労しました。醸造元を歩いて、いろんな醤油を試し、考える。今は、醤油を寝かせて臭みを少なくしています。最近の醤油はあまりにおわないので、汁を取りやすくなりました。かえし(*)は、このにおい消しにも役立つんですよ。

大槻　鵜飼さんところのかえしはどうやってつくるんですか。

鵜飼　かえしが汁の甘さの元で、砂糖と味醂でつくります。味醂だけだとアルコール臭くなってしまう。その臭みを取るために、火入れしても煮立たせない半生のかえしをつくるところもあります。うちは、醤油に全く火入れしない生がえしです。

大槻　かえしに入れる砂糖は、グラニュー糖を使っていると聞きました

＊かえし
本書94ページ参照。

が。

鵜飼　ええ。先代までは上白糖でしたが、これもいろいろ試してグラニュー糖に変えました。なぜグラニュー糖を使い始めたかっていうと、甘味がしつこくないんですね。しかも、醤油に混ぜたときのにおいがさわやかなんです。甘みにくせがないから、なじんでくるんです。

大槻　そういうのも工夫ですよね。

上野やぶの技

《木鉢》

そばつくりの重要度を、「1鉢　2延《の》し　3包丁」と言う。鉢は木製のこね鉢のことで、1こねとも言う。木鉢の中で行われる作業すべてを意味することもある。そばのでき上がりを左右するので、一番大切な作業である。これができていないと、水回し、ねり、くくり(＊)、でっち

＊くくり
水回しの済んだ粉を練り上げ、玉にするまでの作業。

上げ、玉という次に控えている工程がうまくいかない。

・ふるい

木鉢のなかでソバ粉とコムギ粉をふるいにかけ、二つの粉をよく混ぜ合わす。指先を立てるように使い、内回りにかき混ぜる。一キロのそばを打つ場合、ソバ粉八〇〇グラム、コムギ粉二〇〇グラムが一般的な定量である。粉をほぐし、水がよくしみわたるようにするための作業で、まず製粉過程で混じってくる異物を取り除くためでもある。

・水回し

ころ合いを見て、卵水（全卵）を鉢に入れてかき混ぜていく。一般的には、水を入れるところが多い。割合は、粉一キロに対し、水約五〇〇グラムである。上野やぶの卵水のつくり方は、よくかき混ぜた全卵一個に水を加えて卵水をつくる。上野やぶで使う卵は、すべて有精卵である。

木鉢でこねる作業。

まず、用意した卵水の六割を入れる。水が木鉢にかからないようにする。手の熱が粉に伝わらないようにするため、指先でかき混ぜる。粉の風味、湿度によって、水の量が変わってくる。

全体に水が回ると、さらりとした乾燥パン粉のようになる。ここで二回目の水を入れる。目安は、一回目で残った水の半分くらい。そして、同じようにかき回す。すると、生パン粉のようになる。加える水の量は、昔は「こんくらい」だったが、教えやすいように、計りを使って少しずつデータをためていった。

水回しは、必ず内回しでする。手のひらで物をつかむ感覚が必要。素人は外回しにしたがるが、手の外側ではものを感じ取れない。水回しは内回し、これがこだわりである。

これで、作業の八割方はできたことになる。

・練り

水回しが済んだら、三回目の水（決め水と呼ぶ）を加えて、練りの作業に入る。手のひらで、木鉢にこすり付けるようにソバ粉を押し付けていく。粘りが出ると、つやが出てくる。ころ合いは、手で覚えるしかない。決め水の量は、生地の状態によって変わる。くくりになり、菊練り、でっち上げ（円錐状にまとめる）へと移っていく。

・延し

円錐状にまとまったら、延しに移る。玉を手のひらで押すようにして、円形に平べったくする。麺棒を使い、直径三十センチぐらいの鏡出し（＊）にする。この時点で、打ち粉を使い始める。打ち粉は、一番粉（＊）だけ。一番粉は、でんぷん質だけで、香りも粘り気もない。つまり、まずい粉で、打ち粉としてしか使い道がない。一番粉を使うのは、麺台や手にそばがつかないようにするためである。

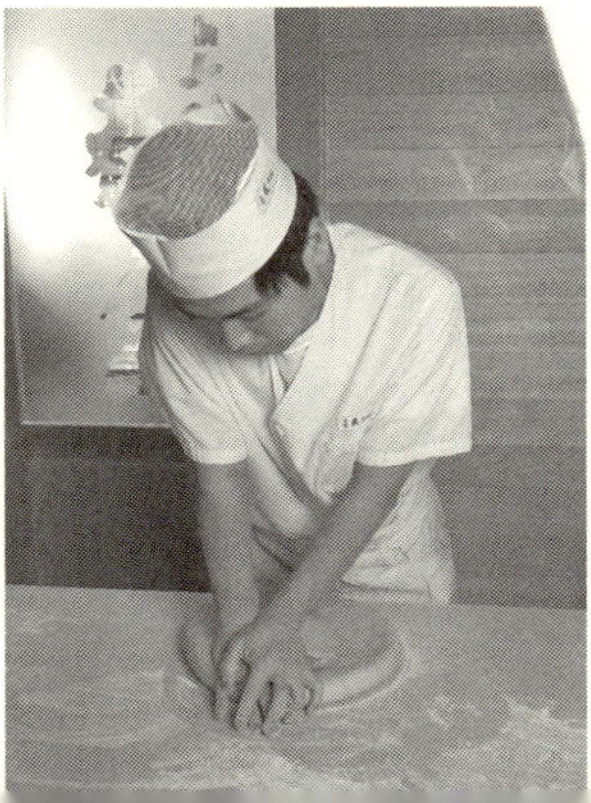
鏡出し。

＊鏡出し
丸出しのこと。木鉢で練り上げた玉を、麺棒でまず円形に延ばすこと。

＊一番粉
殻の付いたままのソバの実を玄ソバと言う。玄ソバから殻を取り除いたものを実（抜き）と言う。外側からから中心に向かって、殻、甘皮、胚乳、子葉に別れ、実の部分によって粉の味

延しの作業のときに打ち粉をやたらと使いたがる人がいるが、延しているうちに生地のなかに入ってしまうので、打ち粉は極力少なくしたほうがいい。仕事を知らない人は、手打ちの気分になれるので、打ち粉を使いたがる。

延しが終わって束ねる段階（たたみ）ならば、打ち粉を多めに使ってもいい。すぐに振るい落とすことができるし、麺どうしがつくのを防ぐ。

・角が立つ

生地を切る包丁は、重いほうがいい。一・二〜一・五キロぐらいで、その包丁の重さを利用して、生地を切っていく。包丁で切ったそばは角ばっているが、ゆでることによって角が削られ、丸みを帯びてくる。丸いそばは、汁が絡みにくい。ゆで過ぎると、角がなくなる。うどんは、だから丸いし、角がそばに比べると立っていない。また、機械打ちのそばは、手打ちに比べて角が円い。手打ちがうまいのは、角のおかげで汁

わいが異なる。

一番粉は、実を挽いたときに最初に選別されてできた粉のことで、内層粉とも言う。ソバの風味はないが、たんぱく質がほとんど含まれていないので、つながりにくい。さらしな粉とは、製粉方法が異なるため、別物である。

二番粉は、一番粉にならなかった胚乳部や子葉部である。中層粉ともいい、ソバらしい香りと風味に富んでいる。

三番粉は、一、二番粉に挽かれた実の残りの部分。香りは強いが、味、食感は落ちる。

ほかに、殻をつけたまま挽いた粉を「挽きぐるみ」、最後の残りを「すそ粉」と呼ぶ。（『そば・うどん百味百題』から）

がよく絡み、味、香りが逃げないからでもある。

卵もつなぎの一つだが、そば屋が山芋、フノリなどのつなぎを入れるのは、つなぎの力を借りてそばに角をつくるためである。有精卵はほかの卵に比べ、そばの弾力やつやが違ってくる。上野やぶは、卵焼きも有精卵でつくっている。

・湯ごね

沸かした湯をかけてソバ粉をこねること。湯ごねをすると、ソバの香りは飛んでしまう。粉に熱は禁物で、石臼もそのために使う。

・そば湯

ソバ粉を加えてそば湯にすると、そば湯のぬめりが強く、似て非なるものになる。店では、最後のそば湯は捨てない。翌朝、やかんに入れて温めて、開店時のそば湯として出す。そば湯を凍らせて氷にし、焼酎に

ソバの実（玄ソバ）
直径3ミリ程度。

加えると、そば焼酎のロックになる。

《だし（出汁）》

・釜の役割

釜の大きさは、一斗(*)と二斗が決まりだった。「一斗じゃあ小さいが二斗じゃあ大きい。一斗半の釜がほしい」と言う声が出てきて、「つば釜」が工夫された。木製のわっかで、これを釜にはめ込んで一斗半の容量にしたのである。

釜の役割は、そばをゆでるだけではない。汁をつくるのも、釜でなのである。普通は、二斗釜でつくる。釜の周囲には四つの「どうこ」と呼ばれる穴があり、釜の余熱を利用するために湯を入れておく。そこに、汁を入れた土たんぽ(*)を入れて湯せんする。「前どうこ」は、火に近いので熱い。かけそばは、水洗いしたそばを「前どうこ」の湯につけて温めてからどんぶりに盛り、汁を張る。

＊一斗
液体を計る単位。一斗は一升の十倍。約十八リットル。

＊土たんぽ
汁をいれる焼きものの容器。
本書95ページ参照。

汁には、もりそばなどのつけ汁にする濃い「辛汁」と、かけそばなどのかけ汁にする薄い「甘汁」とがある。後述するが、いずれも上野やぶそばでは昆布を使わない。

・辛汁

辛汁は釜でだしを取り、こしてから釜に戻し、かえしを合わせて火入れをする。ただし、沸かしてはいけない。灰汁《あく》が出てきたら取り出すぐらい。火を消したら、二斗のかめ（今はステンレス製）に移し、自然冷却する。この汁を土たんぽに入れて湯せんする。かえしから始めると、汁が客に出されるまでに二十日はかかっている。

辛汁は湯せん（八十五〜八十度で二、三時間、一割ぐらい水分を飛ばす）したら自然に冷まし、その翌日使う。一晩かけて自然冷却する。それから冷蔵庫に入れて冷やす。

・甘汁

ゴマサバの厚削りでだしを取る。昆布は一切使わない。沸騰した湯に削り節を入れ、約三十分煮る。こしてから釜にもどし、だしに、かえし、味醂を加える。沸騰寸前に火を止め、これで、でき上がり。

甘汁、辛汁のつくり方は、店によって違う。鰹節の種類、煮出すタイミング、色合い、灰汁を適当に抜く。「灰汁もうまみのうち」とも言う。したがって、熟練の職人の技が求められる。

・節

辛汁は、本節と呼ばれる鰹節の枯れ節を使う。厚さ三ミリぐらいに厚削りして、一時間ほど煮出す。三十分ぐらいたったら、薬味皿にすくって味見する。この時に金気の物はよくない。だしも色が変わってくる。甘汁は、ゴマサバ節でだしを取る。

本節は、カツオを三枚におろし、それを背と腹に切り分けてつくる。

ソーダカツオの節はソーダ節と言う。

さばいて煮たカツオを半年ぐらいかけて乾かすが、この間に青カビが生えてくる。このカビが付いた節を、枯れ節と言う。カビが水分を吸収、脂肪分を分解するので、油やけや魚臭さがない。鰹節の最高級品と言われている。

《一番だしと二番だし》

最初に取っただしが一番だし。その節をもう一度釜の中で煮立て、二番だしを取る。こちらは、沸騰したらすぐに節を上げる。その時に、一斗のだしに対して一つまみの塩を入れる。これを、「だしを呼ぶ」と言う。

二番だしは、甘汁をつくるときに使う。甘汁は、サバ節で取った汁と二番だしとを同割りにする。

《かえし》

・生がえし

汁は、基本的には、だしとかえしを混ぜ合わせてつくる。かえしの味、だしの取り方で、その店の汁というかそばの味が決まる。つまり、汁にとっては、かえしとだしは、車の両輪である。

まず、鍋で「かえし」用の砂糖づくりをする。分量は、グラニュー糖一キロに対し、水二百CC。これを混ぜて火にかける。煮立たせてもかまわない。水が透き通って、水あめ状になったらでき上がり。

この水あめ状の砂糖を、かめのなかの醤油に入れて混ぜ合わす。醤油の温度が冷たいので、固まらないように、ゆっくりと回しながら入れる。入れ終わったら、かめのふたを半開きにして一晩かけて冷ます。二日目からはふたをして、十日から十五日ぐらい寝かす。熟成されて、醤油臭さがなくなる。寝かしが足りないと、砂糖の甘みが勝ってしまう。

かえしは、煮物・焼物など、他の料理にも使える。たとえば肉じゃが、キンピラ、すき焼きなどのベースに使うといい。醤油やだしを加えて好みの味に調節すると、うまさが増す。焼き鳥のたれ、アナゴの照り焼きにもいい。かえしはあまり日持ちがしないので、家庭では火入れしてもいいのではないか。

・土たんぽ

できたかえしは、土の中に埋めたかめ（二斗ぐらい）に入れて寝かす。二つ埋めておき、八分目ぐらいまで使ったら、新しいかえしを注ぎ足して寝かす。だいたい、半月以上寝かせることになる。土たんぽは、汁を入れて湯せんするために使う徳利のようなものである。

《仕上げ》

・釜前

釜前の仕事は、何でもできるそば職人が任される。先輩からは、「そばの面を見ろ」と言われたものだ。ゆで加減を判断するためで、ほかの人が打ったそばの水加減などが分からないからだ。そばを見て、どういうふうに打たれたかを判断する。粉の具合、水回し、つなぎの具合等々、すべてがゆで方に関わってくる。細かったり、太かったり、硬かったり、軟らかかったり。これらを、瞬時に判断しなければならない。それが、面を見て仕事をしろの意味だ。

・そばを盛る

ゆで上がったら、そばを釜から出して、流しで面水をかけ、粗熱を取る。そばを洗い桶に移し、内回しでやさしく水洗いする。残った熱とぬめりを取るためである。水洗いしたそばに流しで化粧水をかけ、小さな桶に移してさらし水をかける。最後に盆ざるに移し、器に盛り分けていく。

第三章
良平、大いに語る

そばづくりの技術を伝える講座風景（2008年ごろ）。

食べる人が変わるにつれ、そば屋のやり方もどんどん変わってきている。
そういう時代のなかで、今、食材もどんどん変化してます。
だから、昔と同じ量の材料を合わせたって、昔の味は出てこない。

おいしいそば

《三立て》

大槻　「挽き立て、打ち立て、ゆで立て」の「三立て」が、おいしいそばの代名詞になっています。

鵜飼　私は、これに「取れ立て」を加えて四立てにしたらどうか、なんて思うことがあります。それはともかく、もちろん三立てはいいんですが、ゆで立てはちょっと違うんじゃないかと思ってます。「時と場合」なんですね。ゆで立ては、水切りがあまり良くありません。水切りが悪いと、香りがわかりにくい。水は香りと味のじゃまで、ゆで立てはのど越しがいい。だから、腹が減ったときにかっ込むのには一番です。

逆に、ちょっと酒でそばをやりたいときには、ゆでてから時間がたった乾いた（水が切れた）そばがいいんですよ。そばの香りが立つし、味が出てきます。ぱっと食べるそばと、酒でちびちびやるそばとは違っていいんです。

大槻　うまいそばに汁は欠かせませんが、地域によって随分味が違います。

鵜飼　そうですね。たとえば、信州のほうの汁はつけ汁でありながら飲める汁です。だから、そばにたっぷりつけて食べないと、何か物足りない。ところが、関東の汁というのは味が濃い。つまんだそばの量の三分の一くらいつけて食べなさいよ、というのもその辺からきてるんだと思います。その味がどうしてその地に根付いたのか難しいけど、そこで食べると間違いなくおいしい。

江戸では、職人さんが仕事のあいまに、小腹がすいたときに、おやつ代わりにそばを食べてた。味が薄いと、味が残らないから食べた気がしない。濃い汁は、お茶飲んでゆっくり味わう、というのとはちょっと次元が違う世界のものです。そばを食って、それでまたすぐ仕事する。これが下町だったんです。

《時代のそば》

大槻　江戸はともかく、明治、大正、昭和と変わっていくにつれて、東京のそばも随分と変わったようです。

鵜飼　私は昭和十年代から戦後にかけて生まれ育っているので、それ以前のことはあまりよく知りませんが、そばを食べる人の層が変わってきたってことが影響してるんじゃないかと思っています。

食べる人が変わるにつれ、そば屋のやり方もどんどん変わってきている。そういう時代のなかで、今、食材もどんどん変化してます。だから、昔と同じ量の材料を合わせたって、昔の味は出てこない。ただ、つくり方の工程は、全く同じです。古い文献を見てもわかるように、江戸のなかごろから、そばをつくる一連の動作は全くと言っていいほど同じです。

◆　◆　◆

『蕎麦全書』は、汁について「家製蕎麦汁之法」の項目で、〈醤油一升手作り醤油の至極念を入れたる物よし。若《もし》手造りなき時は、下りの醤油の上品を用ゆるべし。近年地醤油によろしき物有り。上好酒四合　水四合　右三品緩火にて半時(*)斗もそろそろと煎じ合するなり。家製の汁には鰹節を入れず。毎に精進汁也〉と書いている。変わっているのは、家庭では汁に鰹節を入れずに、精進料理になっていることだ。そばが寺社から広まった名残りかもしれない。

*半時斗も約一時間。

◆◆◆

《昆布を使わない》

大槻　上野やぶは、だしにどうして昆布を使わないんですか。

鵜飼　昆布を使うと、汁がもたないんです。汁の足が早くなる（腐りやすい）。だから昆布を使いません。足が早くなるのは、東京という町の天候も関係していると思うんです。東京湾の気温の関係で、東京の夏は暑くて湿気が強いでしょ。ですから、汁が傷まないようにするには昆布を使わないことなんです。冷房のなかった時代は、特にそうでしょうね。

大槻　味の面からみて、僕は、昆布を東京系の濃い口醤油と合わせると、味がぼやけるような気がするんですが。

鵜飼　味の面ではですね、正直言って、なぜ昆布を使わないかよくわからない。味を濃くするためというのが一つあるのかな。いろんな味をプラスすることによって、その味を高める方法としてね。

店によっては、いろんなもの、鰹節の他に昆布を入れたり、他にウルメを入れたりとか何とかやってますよね。関東は、たとえばうちの場合には甘汁はサバ節だけ、辛汁、つけ汁は、本節と呼ばれる鰹節です。それで、生がえしとの相性を良くしているんです。で、傷みも遅い。

大槻　これはなかなかちょっと説明が難しいですね。

鵜飼　難しい。特に甘汁はサバ節を使うんで傷みが早いんです。

大槻　甘汁は何でサバを使うんですか？

鵜飼　飲める汁にするためです。サバはさっぱり系なんで、汁を全部飲める。臭みがないし、うま味があって、飲めるおつゆになる。一方、つけ汁はちょんづけで食べる。その汁を飲むもんじゃないわけです。つけ汁ですから、あっさりしているともの足りない。その辺が、関東と関西の違い、味のつけ方というかね。関西は、つけ汁もだし感覚で使っています。

大槻　サバ節を使う理由はわかりましたが、なぜゴマサバがいいんですか。

鵜飼　ゴマサバは、どちらかっていうと、脂っ気が少ないんです。脂っ気が少ないってことは、臭みが出ない。

《ていねい》

鵜飼　若いころは、夢中で働きましたね。組合、青年会で研修をよくやったもんです。先輩たちがやっていた技術を見なおしたり、メニューの公開とか。以前は、生粉打ちができる人はほとんどいなかったんですよ。

あまり手をかけずにつくっていた。昭和三十年代に入ってからですね、おいしいものをつくろうとなってきたのは。最近は、粋なもの、江戸趣味のやり方に戻ってきたような気がします。

大槻　自分の打ったそばをどう思いますか。出来、不出来。若いころのそばと今のそばとでは、何か、違っていますか。

鵜飼　難しい質問だな。最近、月一回ぐらい、外の「そば教室」なんかで打つんですが、非常に動作がスローモーになってしまって。もう七十八歳になりますから、昔みたいに力任せにやるっていうことができない。打ち時間も長くなってると思います。

でも技術的に言うと、荒っぽさから繊細さに変わってきてるんじゃないのかな。たまによそで打ったときに、非常においしいと言われたりもする。きめが細かくて、何で自分たちと違うんだろうって皆さんおっしゃる。その違いは、ていねいさにあるが、もう一つ、キャリアもあるんじゃないですか。

大槻　なるほど。

鵜飼　若いころは、商売に追われて、確かに出来、不出来はあったと思います。一日にそれこそ何十キロも打たなきゃいけなかったから。ちょっと荒っぽい部分もあるでしょう。

今は私の店でも打ち手がそろってますんで、店主が打ち場へ出てってやるってことはまずありません。そこまで若い連中を仕込んであるわけですから、出来、不出来はないと思います。

大槻　ていねいって感じるのはどこですか。

鵜飼　水回しですね。ていねいにやらないと、一般的に言うのど越しのいいそばはできません。ソバの香りも、なかにしっかりと閉じ込められません。で、食べる瞬間、そばがのどを通過するときに、どこっていうのかよくわからないけど、食べる瞬間にプーンとにおってくる。香りが飛んでくるんですよ。

《そばの腰》

大槻　年を取ると、腕力が落ちてくる。そうすると腰のあるそばを打てないんじゃないかって気がするんですが。

鵜飼　力はそんなにいりません。そばの硬軟には、水回しのときの加水が関係してくるんです。いい粉、つまり挽き立ての粉は、打ちやすい。粉のなかに水分がまだ含まれてますから。時間がたった粉は、乾燥してきます。そうすると水の量が変わってきます。それを見極めて、適宜な水を加えていく。これが加水です。水を加えてったなかで、いわゆる練り込みって言うんですけど、よーくソバ玉を練り込む。水を粉の粒子それぞれに行きわたらせるためです。基本的に粉に対する水の量は、昔も今も変わりませんから、力ずくじゃないんです。

大槻　そうすると、「力そばは腰が出るからいい」というのは、勘違いなんですね。

鵜飼　ソバ打ちをしていると、「いやあ疲れるでしょう、力いっぱいやってますね」なんて言われますが、そう見えるんです。でも疲れないですよ。疲れないように体重移動する。ゴルフと一緒です。腕の力じゃなくて、体全体でソバ打ちをするんです。そうした加減は体が覚えてるんで、それも技術の範疇です。

大槻　腰があるって、どういうのを言うんですか。硬いとは違うんでしょうか。

鵜飼　単なる「硬い」とは違うと思います。腰と言うか、そばの弾力に関係してくるのは、今も言いましたように水回しのときの加水量です。加水が少ないと、そばのなかの水分も少ないわけですから、ゆでるのに時間がかかります。長い間湯のなかにいると、そばの角が溶けて落ちてしまうし、ゆで湯をたくさん吸ってしまう。ゆですぎです。

角を残そうとゆでる時間を短くすると、生になってしまう。粉のしんが残り、ただ硬いだけのそばです。腰がある、弾力がある、というのは、釜前の仕事の技術です。

ソバ玉を練り込む。

大槻　生ゆでと腰があるということを混同している人が多いような気がします。ラーメン屋でも、硬くゆでてくれと言う。要するに、生ゆでなんですよね。しっかりゆでるべきだと思うんですが。

鵜飼　ただね、ラーメンでもそうだと思いますが、ゆで過ぎたそばは商品にならないんです。煮えたぎった湯のなかにそばを入れると、まず沈み、ちょっと火が通ると顔を出す。これを三回やるんで三かえりと言うんですが、三回目に顔を出したときにざるですくい上げます。ゆで加減を見るには、そばの間に箸を差して持ち上げ、そばの表面をなでる。火が入りだすとなめらかになり、入っていないとごそごそした感じです。

生煮えは、食べるとすぐにわかります。かんだときにグチャグチャと歯に絡みつく。種物《たねもの》(*)の場合、熱いそばだから多少生でもというのはだめ。余計グチャグチャになり、汁がにごる原因にもなる。しっかりゆでなければだめです。いいそばは、しっかりゆでてもちゃんと弾力というか、腰があります。こうしたことを見極めるのが、職人の技です。

＊種物
そばなどで、かまぼこ、てんぷら、肉などの材料を入れてあるもの。

《音》

大槻　そばって不思議な食べ物で、人が食べているのを見てもそうですが、食べたくなるのは食べている音です。その音につられて食べたくなるんです。

鵜飼　どんな音がいいの。

大槻　一つまみ、一口ですね。ツルツルと、送り箸っていうのかな、そばを大づかみにして、箸で口のなかにそば送り込む。これはだめです。ちょろっとつまんで、一息で食べる。これをリズミカルに繰り返されるとたまらないですね。

鵜飼　音の効用は、食欲をそそるだけでなく、味にも関係してくるんです。そういう意味でも、音はたてたほうがいいですね。音を出すことによってそばが空気に触れて、なかに入っている香りが引き出される。口のなかに飛んでくるんですよ。ムシャムシャ食ってたんじゃあ、だめですね。そうかといって、音を出しすぎるのも、おかしなもんです。

大槻　香ってくるどこじゃないわけですね。

鵜飼　じゃないんだね。何だろうか。ものを食べるときに、唾液と一緒にこう食べて、でツルツルってやることによって香りが出てくるんじゃないのかな。

大槻　でもねえ、これ見よがしの音は嫌いです。店のなかに響くような音を立てる人もいますが、程よくね。

鵜飼　香りはですね、そばがのどを通過するときに鼻につんと抜けるんです。ただし、そばのソバ粉の割合が関係してくる。どんなそばでも香るわけではありません。同割りでも無理。コムギ粉のにおいが先に飛んできます。もちろん、いいソバ粉でなければだめですよ。

大槻　いわゆるのど越しですね。でも、年を取ってくると、かみたくなってくるんですよ。先代の小さん師匠(*)が昔、言ってましたね。「かんだほうがうめえよ」って。これには、前段があるんです。寄席の近くのそば屋で食うと疲れるんだそうです。落語を聞いてきた客が、じっと食

＊小さん師匠
　五代目柳家小さん。大正四年(一九一五)～平成十四年(二〇〇二)。本名・小林盛夫。滑稽話の名人で、登場人物のそばの食べ方にも定評があった。平成七年(一九九五)、落語家として初の人間国宝に認定された。

べるところを見ている。だから、こっちも気を入れて一気にすする。「かみたくなるよ」って。

鵜飼　そうね。かんで食べてもおいしいそばがあるんですよ。食べたい気持ちによります。前にも言ったと思うけど、一気にかっ込むときはかまない。酒のつまみとしてそばを食べるときには、適当にかんだほうがおいしい。

大槻　かむ、かまないに、そばの太さは関係ありますか。

鵜飼　太さは、江戸前のそばっていうのはだいたい細い。かまずに飲みこんでしまう江戸っ子の粋、それに合わせてるんですよ。あんまり太いのだと、のどにつかえちゃったりね。細いほうがツルツルと入ります。

大槻　まあ、確かにそうですね。でも年とると、だんだんかむようになっちゃったなあ。

鵜飼　そうそう。かむようになっちゃうよね。

◆　◆　◆

ご本人曰く「ものを食べることが、途方もなく好き」という入江《いりえ》相政《すけまさ》（＊）は、著書『味のぐるり』（日本経済新聞社／一九七六年）で、「噛まない」話を紹介している。

〈子供のころはもとより、年をとったこのごろ（昭和三十七年ごろ）も、あんまり、というよりも、ほとんど噛まない。……あんまりくちゃくちゃにしてしまうと、呑み込む時に、新鮮さがなくなる。それに、呑み込む時、咽喉をこするようにして、食道に落ちこんでいく、あの触覚みたいなものにも、なかなか快感があるようだ〉

〈本当はなんにもつけないのが、そばの香りは一番高い。ためしにひとつまみ、全くつゆなしでやってみると、その味はなんともいえない。でももし、つゆをつけるのなら、だれに遠慮がいるものか。ダブダブにつけてやろう。オール・オア・ナッシング〉

＊入江相政
明治三十八年（一九〇五）～昭和六十年（一九八五）。昭和天皇の侍従・侍従長を長期にわたって務めた。歌人・随筆家としても知られる。皇室の語り部として親しまれた。

脇役

《水》

大槻　水そばについてどう思われます。水をつけ汁に見立ててもりそばのように食べたり、水のなかにそば切りを浮かべてかけのように食べたりするらしい。これこそがそばの本当のうまさがわかるんだ、などと、ある一部のそば屋の主人は言ってるようです。

鵜飼　水そばってのは、私は聞いているだけで、実際に食べたことないんです。

大槻　食べたいとも思わない。あれは、だしの取り方もわからずに、そばつゆをおいしくつくれない人が言ってると理解しています。人間がいろんな調味料を考え出したのも、少しでもおいしく食べようとする努力と工夫のたまものですからねえ。先人の知恵をばかにしています。

鵜飼　そうですよ。あんなばかなことはない。水にそばつけて食って何がうまいんですか。水がいいよっていうことを言いたいんだろうけど、水はもっと他の料理に使ってほしいね。水は補助役をやるためのものであって、それで十分じゃないかなと思います。なぜかというと、麺と汁の両方が一体になって一つのそばという料理になってるわけですから。どうしても水そばって言うんなら、私は、むしろ塩を振って食べたほうがそばのうま味が出ると言いたい。水は、飲んで欲しいですね。

《そば湯》

大槻　そば湯にわざわざソバ粉を加えて出す店もありますが、どう思いますか。

鵜飼　そば湯にね。あれは、だめですね。つまり、そば湯ってのは、皆さん知っての通り、そばをゆでたときにできるゆで湯のことです。それにソバ粉を加えて濃くするってのは、そば湯の良さを消すようなもんです。そば湯ができていないときの急場しのぎなんだろうけど。

大槻　開店早々なんかだと、そば湯が間に合わないからですね。

鵜飼　ソバ粉を加えてしまうと、サラッとしないんですよ。ドロドロになって、サラッとしたそば湯じゃなくなってしまう。これはね、粉の量だけでなく、粉の質にもよるんです。ソバ粉の粒子です。

大槻　どういうことですか。

鵜飼　ソバ粉と打ち粉の問題です。ソバ粉の粒子と打ち粉の粒子は全く違いますから。そば湯には、まず打ち粉が入る。そばを打つときに打ち粉を振っていますから、そばをゆでたときに最初に落ちるんですね。

打ち粉は、一番粉を使います。一番粉にはたんぱく質が含まれてませんので、粒子が全く違う。粗いんです。だからサラッとして、溶けておいしい。ところが、ソバ粉を入れてしまうと、これはそばにする粉ですから粒子が細かい、細かいから溶けにくい、で、濃さが全く違ってくるんです。

大槻　なるほど。これ見よがしにドローっとしてるでしょ。いい汁かどうかはそば湯で割って飲むとわかると言いますが、あれじゃあ、汁の良さもわからない。

鵜飼　そばがき食ってるようなもんです。

大槻　ほんと、そうですね。ゆるいそばがき。

鵜飼　そうそうそう。

◆◆◆

『本朝食鑑』は、そば湯の効用についてこう説明している。

〈蕎麦切の煮湯を蕎麦湯ともいう。「蕎切を食べた後、この湯を飲まねば、必ず中傷される(*)」、また「たとえ多食して腹が膨張したとしても、この湯を飲むと害はない」といわれている。けれども、まだ試してみたことはない〉

* 中傷される　おなかをこわすという意味。

◆◆◆

《そばがき》

大槻　そばがきは、どうすれば一番おいしいんでしょう。

鵜飼　ソバ粉の香りが一番わかるのは、粉にあまり手を加えずに食べるそばがきです。熱湯で溶くわけですけど、香りを残すために、直接火にかけないで湯せん気味にする。鍋に粉を入れて、それをそば湯で溶くんです。つまり、釜の湯。煮立ってる釜の湯を入れて素早くかき混ぜる。粉に対するそば湯の量は、うちでは粉一に対して、そば湯一・五なんです。そうするとゆるみ具合がちょうどいい。トローッとして、滑らかに仕上がります。

大槻　硬すぎず、ね。

鵜飼　そうです。口に入れたときに、滑らかさを感じる。湯が少ないとですね、硬くなってしまって、味が出てこない。冷えるとものすごく硬くなるんですよ。ですから、店ではあったかい湯に浮かして出します。

《薬味》

大槻　そば屋に入ると、汁に薬味が添えられてきますが、なぜか辛い薬味が多いですね。

鵜飼　そうねえ、辛味大根、ワサビ、七味唐辛子、ショウガ、ほとんどが辛い。辛いもの食べると、汗をかくでしょ。身体を温めるためだったんじゃないですか。

大槻　というと。

鵜飼　詳しく調べたわけではないんですが、漢方では、ソバは身体を冷やす食べ物なんですね。だから、薬味でバランスをとってたんじゃないかなあ。昔の人は、すごいね。それと、そばは、昔は冬に食べるものだったんですよ。旬と言うのかな、ソバの取れる時期が一般的には夏の終わりから秋にかけてですからね。もちろん、味の引き立て役でもあります。鴨南蛮にコショウ、かき玉にショウガなんておいしいね。辛くはないけど、香りづけの海苔もいい。

大槻　もりそばでも何でも、いきなり汁に薬味を混ぜてかき回す人がいるでしょ。知っている店ならともかく、せめて汁の味ぐらい確かめてから入れたらと思うんですが。

鵜飼　理屈はそうかもしれないけど、まあ好みだからね。辛いのが好きだっていう人は、どばっと入れて食べますよ、七味を。ネギなんかも入れて。あくまでも好みですから。

大槻　僕は、ネギは最後に入れています。最初は汁だけでそばを食べる。そうすると、汁の味もよくわかるし、そばの味もわかる。

鵜飼　ネギの入った汁の味も味わえるし、いいんじゃないですか。それで。

大槻　ワサビとか七味の使い方は？

鵜飼　ワサビはですね。盛られて出てきたそばに塗ったほうがうまい。塗るっていうか、そばの上に乗っけてちょっとほぐしてやる。そうすると、ワサビの香りも味わえるんですね。で、ワサビは何で使うのかっていうと、まあ昔からの言い伝えですと、毒消しになる。消毒です。ネギなんかも同じだと思う。

七味はですね、辛いものが苦手な人はあまり使いません。好きな人は、一味じゃなくて七味がいいんだと言います。ゴマの香りとか、他のいわゆる七色が入ってるわけですから。その味わいを味わうという意味では、一味より七味がいいというわけです。

◆◆◆

『蕎麦全書』の巻之中の「家製蕎麦汁之法」の項は、薬味について詳述している。

〈家製は其汁甚《はなはだ》からし。大根のしぼり汁を多く加入するを好む故也。人を招きて進る時は、人々の好悪同じからざるものなれば、其宜敷《よろしき》に随《したが》って可也。ここには家製の一通りを記す〉

「薬味総解」として、華鰹(*)、大根のしぼり汁、陳皮、焼き味噌、唐辛子、ワサビ、海苔、梅干、ネギ、クルミを挙げて説明している。面白いのは、ワサビは大根の代役と書いていることだ。

*華鰹＝花鰹
薄く細かく削った鰹節。

〈人によりて大根のしぼり汁より山葵の辛みを好む人多し。然れ共、大根の辛みなき時に用ゆるのそなへなり〉

高いか安いか

《値段》

大槻　そばは、ほかの食べ物と比べて値段が高いんでしょうか。それとも安い？　高いとは言いづらいと思うけど。

鵜飼　いやいや、高いね、単価からすると。価格のベースが、もりそば、かけそばなんです。種物の場合、その材料によって加える値段が変わってくるんで、高いと思う人がいてもおかしくない。でも、そこに技術があって、汁も変わるんですよ。それで高くなる。汁の価格と、そばそのものの価格とを足したものが定価です。原価率は、何とも言い難いところがありますけど。

大槻　決して高くはないと。

鵜飼　そういう意味で、高くはないと私は思います。高いか安いかの感じ方には、数字のほかにそばの量も関係してくると思うんです。少ないと、腹がふくれないから、高いとなる。若い人は特にそうでしょう。

ファストフードがどんどん増えてくると、ボリュームのあるものが相手ですから。そば屋も、ただもりそばだけではなく、それに付随してご飯をつけたりおかずをつけたりなんかしてセットものをつくっていかないと、他の業種に負けてしまう。そば一枚食ったって栄養が何もねえんだ、すぐ腹が減るよなんて言われると、どんどん置いてかれちゃう。そんな現象が、今市場に起こってるんじゃないかな。ちょっと話が前後しますけど、私が子供のころは、もっとそばの、もりそばの量は多かったような気がします。

《量》

大槻　若いころは、そばの量が多いのが好きでした。出張で出かけた地方で、一人前八百グラム食べたことあります。そのころいつも思っていたのは、そば屋の一人前のそばは、量が少ない、でした。友達も、そばもいいけど腹一杯に食べようとすると高くなるから、と言ってましたね。若者は貧しいから、昼飯は少しでも量が多くて安いほうが良かったんですよ。いつも大盛りってわけにもいかないし。

鵜飼　一般的なそば屋のそばは、ゆでて二百グラムぐらいあるんじゃないですか。うちは百八十ですが。多いとこになると二百二十ぐらい入ってる店もあります。でも、見た目も味もおいしく食べるにはやっぱり百八十前後。食べてるうちにそばの味が落ちてこない量なんですね。この味が落ちてくるのを嫌い、大盛りにするなら別々に頼んで二人前にする、という人もいます。だけど、若い人にはもの足りないのかもしれない。

大槻　そうなんですよ。

鵜飼　若いころは、だいたい普通の倍食ってちょうどいいぐらいで。私だってそうでしたよ。ただね、ゆで方によって全然違ってきちゃうんですよ、目方が。

大槻　ゆで時間を長くすりゃあ、増える。

鵜飼　水分が多くなりますから。うちではゆで上がってから計って出します。でも、お酒を召し上がっているお客様は、後でそばを食べるから、「さくら」にしてくれ、という方が多いですね。

大槻　さくらは何からきているんでしたっけ。

鵜飼　きれい、からです。そばの盛り方も、量を少なめにして薄めにすると、ぐったりしてないですっきりと見える。もっこり盛ると、美しくない。さくらはきれいっていう観念的なもので、そこから来ているんです。
逆に、うちのお客様で、最初っから大盛りちょうだいって言う人がいます。で、大盛りが結構出るんです。大盛りは今、三百グラムあります。
大槻　おおすごい。
鵜飼　普通は百八十グラムですから、お客様には割得になってるわけですね。

指導の思い

《そば教室》
大槻　鵜飼さんは、一般の人にも積極的にそばの打ち方を教えていると思うんですが、とくに考えがあってのことですか。
鵜飼　多くの人にそばに関心を持ってもらい、それがそば屋の刺激になればと思ったんです。

大槻　どういうことでしょう。

鵜飼　なかなか業界の意識が変わらないんですね。いい加減な仕事をするそば屋は、注意してもなかなか改まらない。一般の人の関心が高まって、客としていろいろ言ってくれれば、そば屋も業界も変わるだろうと思ったんです。

大槻　いつごろからやっておられますか。

鵜飼　昭和六十年に、池袋のデパートのカルチャーセンターから、料理教室でそばづくりをやってくれないか、って話が来たのが始まりです。当時は、わざわざソバ打ちをやりたいという人なんていません。だから、教室を見に行ったら、道具が何にもないんですよ。でも、やりたいと。さて、どうするか。

　麺棒は細長いワインのビン、包丁は菜切り包丁、こま板は木箱のふたで代用しました。十五人ほど生徒が集まったんですが、全員女性。今の料理教室は八割が男です。隔世の感がしますね。

池袋のカルチャーセンターの二年後、今度は日清食品が新宿でやりたいと言ってきた。やってもいいけど道具をそろえてくれと言ったら、そろえてくれたんですよ。で、これは十年ぐらい続きました。

大槻　「鵜の会」というのを聞いたことがあります。

鵜飼　日清が止めて二年後ぐらいかな、そのときの生徒から相談があったんです。自分たちで勉強したいんでぜひ協力してほしい、って。二十人ぐらい。鵜飼から名前をとって、「鵜の会」ってしました。平成十年四月に始まり、月に二度、千代田区の施設を借りて開いています。会員は九十人ぐらいで、うち二割が女性です。

大槻　思惑通りになっていますか。

鵜飼　なかなかね。内も外も悩みは多いですよ。教室に限った話ではないんですが、ソバ打ちができるようになると、勘違いする人が出てくるんです。ソバが打てればそば屋になったも同然、なんて思い込んでしまう。プロより良いソバ打ち道具をそろえ、ソバの産地の能書を言い、製粉の仕方と粉の状態にまで口を出す。たとえば、粉の粒子、色合い、香りなどなど……。

いろんなことを知るのはとても大事だとは思うけど、プロとアマの世界は目指すところが違います。素人は、子供の粘土遊び程度でよいのではと私は思っています。

大槻　ソバ打ちをする人は、麺を語っても汁を語りませんね。

鵜飼　語れないんです。汁の材料に幅がありすぎるからですよ。醤油、鰹節などの節類、昆布、砂糖、味醂、酒、塩等々、地方によってはほかにもあります。また、それに加え、材料、それぞれの配合によっても違いがあり、火加減、煮出すタイミング、そう簡単にできるものではない。できても、いい加減な汁ですよ。したがって、スーパーの瓶詰が無難というところでしょう。

《そば大学》

大槻　肝心の業界の意識改革のほうはどうですか。

鵜飼　戦後の何でも売れる時期にやってきた人は、そばのソバ粉の量が少ないのが当たり前だった。良くて四・六、普通は三・七でした。昭和三十年代、四十年代のことです。当時は製粉技術も悪いから、ソバ粉がつながらなかったということもあります。そういうそば屋のレベルを上げたいというのは、組合の願いでもありましてね、いろいろな勉強会をやってきたわけです。

代表的なものを言いますと、まず、「蕎麦技術研修講座」。四十七年に開校して、十年ぐらい続きました。業界でも名人なんて言われたそうそうたるメンバーが、講師になってくれましてね。知識も身につけようということで、新島繁さんなんかも参加してくれました。私ら若手は、助講師です。

その後が、平成十一年から始まった「蕎麦技術講座」。そば大学なんて呼ばれています。今も続いています。

大槻　最近のそば屋は、若手に代替わりしているところが増えてきましたね。いいそばをつくりたいという熱気が感じられます。そういう若い人たちに何を望みますか。

鵜飼　多くのそば屋は、昔からおいしいそばつくりの研究をしてきてるんです。ソバ粉だけでなく、汁や料理にもね。今は「そば屋で一杯」の世界に戻りつつあるんで、ほかの料理についてもぜひ勉強してほしい。

飲食店は、そば屋に限らず、まず、味が良いことが第一ですが、それには、いろんな要素が満たされなければいけないと思うんです。たとえば、食材に関しては、その見極め、調整の仕方、仕上がりとタイミング、器すべての用意、店構え、客へのサービス、ある程度の創業年数とお客様からの良い評判などですね。

食べ歩いて実際に味見をするのも大事ですが、最近は、料理本がたくさん出ています。実際に出かけなくとも、そういう本から、真似をするんではなく、ヒント見つけてほしい。そして、時代に合わせた工夫を凝らして、本物のそばを次の世代につなげてほしいですね」

あとがき

鵜飼良平さんに初めてお目にかかったのは、一九九二年八月、富山県利賀村で開かれていた「世界そば博覧会」の会場だった。内外の大学教授、ソバ打ち名人らによるパネルディスカッション、世界のそば食文化などを紹介する催しで、海外から十か国、日本からは三十の市町村が参加した。

当時、私は読売新聞東京本社の生活情報部に所属しており、「くらしと家庭」欄の連載記事「めん・麺・メン」の取材・編集を担当していた。その土地土地に根付いている「そば食」を風土記的に紹介しようという企画で、その取材のために会場を訪れたのである。その晩、スロベニア、オーストラリアからのソバ研究者と、鵜飼さんらが民宿で懇親、その席に私も招かれた。そこで鵜飼さんらと辛口のそば談義をかわし、意気投合したのである。
以来二十四年、「日本麺類業団体連合会」の広報誌編集のお手伝いをしたり、鵜飼さんの御母堂に長唄三味線の稽古をつけてもらったりと、公私にわたるお付き合いをさせていただいている。その間に、チェコで開かれた「そば博」にも参加、スロベニア大学教授のクレフト博士との再会を果たしたのも楽しい思い出である。

この『そば屋のおやじのひとりごと』の出版のいきさつについては、鵜飼さんがまえがきでお書きになっているが、似たような「前段」がある。私の友人に、小学館の書籍編集をしていた大西旦さんという熱血漢がいる。今は、三一書房の編集部顧問をされている。私より若干の先輩に失礼な人物評かもしれないが、その竹を割ったような性格に感服してのこととお許しいただきたい。実は、鵜飼さんに本の話をする前に、その大西さんと一杯やりながら、「出すか」となっていたのである。

その狙いは、「相変わらずのそばブームで、本職ではない様々な人々が、様々なそばに関する本を出している。ソバ打ちの技術論や、先人が見つけ出した文献の受け売りが多く、中には、首をひねりたくなるような《うんちくもどき》もある。こうした現状をどう思うのか、本物のそば職人に辛口で語ってもらおう」だった。

いつも一杯やりながらの話で申し訳ない気がするが、私の人生を振り返ってみると、そんなことで決まっていったことが実に多いのである。「だから、だめなんだよ」というお叱りは、生活の知恵で甘受することにしている。


私とそばのかかわりについても、少し話しておきたい。私が、そば屋で初めてそばを食べたのは、生前の父の話によると、一九四九年ごろである。そのころ、父の勤務先の「歌舞伎同好会」の観劇会が毎月のようにあり、私はよく連れていかれた。その往き帰りに、立ち寄ったのがそば屋だった。外食券がないために、ご飯物が食べられなかったからである。東京・浜町の明治座に出かけることが多く、行きつけのそば屋はその近くにあった。かけそばが好きで、「かけそばの坊ちゃん」と呼ばれていたらしい。

小学校の五年生になると、一人でそば屋に入るようになっていた。横浜のそば屋で、もりとざるの値段についておかみに尋ね、教えてもらったことを覚えている。もりが一杯三十円か三十五円、ざるが四十五円か五十円だったと思う。

細かいせりふは忘れたが、「海苔がのっかっているだけなのに、どうしてざるは十円も高いのか」という質問に、おかみが「おつゆが違う。もりは砂糖、ざるは味醂を使う」と答えてくれた。味醂のほうが値が高かったのである。

もう一つ、新聞記者の駆け出し時代の思い出を記そう。一九七五年、私は、社会部の警察署回りで、警視庁の第六方面本部（六方面）担当になった。詰所である記者クラブは、上野警察署にあった。「上野やぶそば」は、目と鼻の先である。昼どきに、そばが食べたくなると出かけたものだ。売上にはあまり貢献できなかったが、注文は、「かけ」か「もり」。辛口のおつゆが、際立ってうまかった。もちろん、当時は鵜飼さんのことを知る由もなく、後年こんなお付き合いをするようになろうとは夢にも思わなかった。

さて、余談が過ぎた。飲んだ勢いで「大見得」を切っての刊行となったが、鵜飼さんの語りや取材をまとめた私の未熟もあって、必ずしも鵜飼さんの満足のいくような出来になったかどうか自信はない。もしお目まだるいところがあれば、それは私のつたなさ故、読者の皆さんにはお許しを願いたい。

1）ソバの需給動向（年度）農水省・財務省「貿易統計」による。
（単位：千ha, 千t, %）

年度	国内産		輸入量	在庫の増減	仕向量	国内消費仕向量			
	作付面積	生産量				粗食用	種子用	減耗量	自給率
2005	45	32	117	△1	150	154	2	4	21
2006	45	33	101	△17	151	145	2	4	22
2007	46	31	110	7	134	128	2	4	23
2008	47	27	90	△12	129	123	2	4	21
2009	45	17	106	2	121	115	2	4	14
2010	48	30	111	20	121	115	2	4	25
2011	56	32	94	7	119	113	3	3	27
2012	61	45	102	15	132	129	3	4	34
2013	61	33	95	△13	141	134	3	4	23
2014	60	31	112	5	138	131	3	4	23

注）1、「在庫の増減」は対前年の在庫に対する増減。2、自給率は国内産生産量と国内消費仕向量から試算した。3、仕向量：食料自給率の計算に必要な数字で「国内生産額＋輸入額—輸出額—在庫の増加額」で計算する。国内消費量が増えると食料自給率が下がるということになる。

2）国内でのソバの生産状況（単位：ha, kg, t）

年次	作付面積		うち田作面積	10アール当たり収量	収穫量
2005	44,700		28,900	71	31,800
2006	44,800		29,600	(77)	(33,000)
2007	46,100	(38,400)	30,400	(69)	(26,300)
2008	47,300	(39,800)	32,200	(58)	(23,200)
2009	45,400	(37,800)	31,300	(40)	(15,300)
2010	47,700		33,200	62	29,700
2011	56,400		37,700	57	32,000
2012	61,000		39,500	73	44,400
2013	61,400		39,200	54	33,100
2014	59,900		37,500	52	31,200

注）1、2006年の（　）は調査実施27道県、2007年～09年の（　）は11道県の数値。
2、2010年から全国調査となっている。

3）ソバの輸入状況と国外のソバ生産状況（単位：t, 千円）

（出典）財務省「貿易統計」

年度		中国	カナダ	アメリカ	その他	合計
2008	数量	46,369	2,186	14,013	374	62,942
	金額	2,311,365	162,255	113,753	34,320	3,621,693
2009	数量	43,654	337	15,219	439	59,649
	金額	1,72,438	29,166	1,248,643	43,303	3,093,550
2010	数量	51,788	193	16,870	1,414	70,265
	金額	3,135,067	16,209	1,160,980	119,521	4,431,777
2011	数量	35,644	725	18,381	1,775	56,525
	金額	2,898,776	55,308	1,359,754	162,956	4,476,794
2012	数量	36,238	978	16,792	1,069	54,077
	金額	1,663,115	84,494	1,365,001	76,971	3,189,581
2013	数量	26,047	35	14,426	826	41,334
	金額	1,401,973	3,803	1,292,192	43,639	2,741,607
2014	数量	31,896	179	9,907	7,942	49,924
	金額	2,412,410	20,273	897,121	440,756	3,770,560

注）1、その他は、オーストラリア、ニュージーランド、ブラジル、ウクライナ、ロシア、ミャンマーなど。2、金額はCIF価格（運賃、保険料を含む）で関税は含まない。

4）2014年（平成26年）都道府県別ソバ収穫量

ソバ収穫量（上位10位／単位：t）

順位	都道府県名	収穫量
①	北海道	15,100
②	長野県	2,680
③	茨城県	2,150
④	福島県	1,800
⑤	山形県	1,780
⑥	栃木県	1,710
⑦	鹿児島県	1,290
⑧	福井県	1,120
⑨	秋田県	1,070
⑩	岩手県	647

作付け面積（上位10位／単位：ha）

順位	都道府県名	作付け面積
①	北海道	22,200
②	山形県	4,940
③	長野県	3,890
④	福井県	3,850
⑤	福島県	3,830
⑥	秋田県	3,070
⑦	茨城県	2,980
⑧	栃木県	2,250
⑨	青森県	1,970
⑩	新潟県	1,690

注）1、農林水産省2014年公表データによる。2、収穫量、作付け面積は乾燥子実（食用目的）。

【参考文献】（掲載順）

『**三田村鳶魚全集**』**第十巻**　娯楽の江戸／江戸の食生活／花柳風俗／（本書中の「江戸の食生活」の中で、蕎麦に言及）

なお、中公文庫の**鳶魚江戸文庫（5）「娯楽の江戸　江戸の食生活」**（一九九七年一月）にも本書に言及されている文章を収録。

『**そば・うどん　百味百題**』／柴田書店書籍編集部／柴田書店／一九九一年十二月／

『**蕎麦史考**』／新島繁／錦正社／一九八〇年九月／

『**慈性日記**』／林観照校訂／続群書類従完成会／二〇〇〇年七月／資料纂集は複数巻刊行中／

『**本朝食鑑**』／人見必大／一六九七年／島田勇雄・訳／東洋文庫／一九七六年十一月／平凡社／

『**料理物語**』／作者不詳／一六四三年／平野雅章・訳／教育社新書／一九八八年五月／教育社／

『**好色三代男**』／井原西鶴／一六八六年／絵入／吉田幸一・編／古典文庫一六六／一九六一年五月／

『**蕎麦辞典**』／植原路郎／中村綾子・編／二〇〇二年七月／東京堂出版／

『**蕎麦全書**』／日新舎友蕎子／一七五一年／藤村和夫・訳／新島繁・校注／二〇〇六年七月／ハート出版／

『**江戸料理史・考**』／江原恵／河出書房新社／一九八六年六月／

『**江戸名物鹿子**』→『江戸かかみ：江戸名物鹿子』／豊嶋治佐右衛門・豊嶋弥右衛門：共編著／一七三三年一月／Kindle版／Kindleアーカイブ／Amazon Services International,Inc.／

『**綺語文草**』／西沢一鳳軒／江戸後期（十九世紀中葉）／浪速叢書稿本随筆集第十一巻／一九二九年／

索引

写真(とくにことわりのないものは岡本明洋撮影)

鵜飼良平
昭和12年(1937)、東京生まれ。江戸そばの伝統を継承する「上野やぶそば」の三代目主人。昭和48年(1973)、薮系列の店で初めて完全手打ちに切りかえて以来、業界の技術指導者として活躍。

大槻茂
昭和20年(1945)、宮城県生まれ。危機管理と広報のコンサルタント「株式会社 広報戦略研究所」代表。青森大学客員教授。元読売新聞記者で、社会部、生活情報部などに所属、遊軍、宮内庁などを担当。
主な著書に、「人間国宝　尾上多賀之丞の日記」(青草書房)、「渋谷天外伝」(小学館)、「新天皇家の人々」(主婦の友社)、「そば」(透土社)、「危機管理と広報」(編著、彩流社)など

写真・資料提供:日本麺類業協同組合(日麺連)

そば屋のおやじのひとりごと
上野やぶそば三代目

2016年3月1日　第1版第1刷発行
著　　者　鵜飼　良平
取材・構成　大槻　茂
発 行 者　小番　伊佐夫
発 行 所　株式会社 三一書房
〒101-0051 東京都千代田区神田神保町3-1-6
電話:03-6268-9714　FAX:03-6268-9754
メール:info@31shobo.com
ホームページ:http://31shobo.com/

編集協力　大西　旦
装　　丁　Salt Peanuts
D T P　市川　貴俊
印刷製本　中央精版印刷

©2016 Ukai Ryohei
ISBN978-4-380-16000-4 C0077
Printed in Japan
定価はカバーに表示しています。
乱丁・落丁本はお取替えいたします。